매일 같은 밥을 먹는 사람들

매일 같은 밥을 먹는 사람들

식사를 선택할 수 없는 삶

권기석, 양민철, 방극렬, 권민지

북콤마

어떻게 '가난한 식탁'에 주목하게 됐는가

풍요와 격차와 혐오의 시대다. 세상에는 먹을 것, 즐길 것, 볼 것이 넘쳐난다. 한반도에서 이렇게 풍요로운 시기는 처음일 것이다. 찬란한 풍요로움을 모두가 누릴 수 있는 것은 아니다. 이른바 가진 사람만 누릴 수 있다. 가진 사람과 갖지 못한 사람의 차이는 너무나 크다. 직원 평균 연봉이 2억 원에 육박하는 기업이 등장했다는 보도와 노인들이 종일 주운 폐지 값이 시간당 1000원에도 미치지 못한다는 보도가 아무렇지도 않게 공존한다.

격차의 시대를 헤쳐 나가는 일도 어려운데 혐오가 보태졌다. 어떤 이들은 가난한 사람에게 가난한 이유를 당신이 노력하지 않아서라고 비난한다. 공격은 빈자에게만 가해지지 않는다. 내 풍요의 기회를 조금이라도 가져갈 것 같은 타인은 누구든 혐오의 대상이 된다. 여성이든 남성이든 장애인이든 외국인이든 이해관계가 겹치는 집단에 언제 어떻게 혐오의 칼이 들이닥칠지 모른다.

격차와 혐오가 낳은 불행을 조금이라도 덜어내는 방법은 현실에서 일어나는 일을 정직하게 쓰는 것이라고 생각했다. 멀리서 지켜보지 않고 약자의 현실에 한 발 더 들어가보는 것 말이다. 구체적으로 주목한 것은 가난한 사람들의 식사 현실이었다. 우리는 식사 빈곤 문제가 기본적인 욕구 충족을 넘어 '선택권'이라는 새로운 단계로 넘어가고 있음을 배웠고 이를 독자와 공유하려 한다.

이 책이 현실을 다 담았다고 할 수 없다. 비록 일부일지라도 정확히 쓰려고 노력했다. 또 솔직히 쓰려 했다. 격차와 혐오에 가려진, 풍요로운 한국 사회의 이면이 조금이나마 전달되기를 바란다.

이 책은 국민일보 기자 4명이 썼다. 저자들은 편집국 이슈&탐사2팀에서 일하면서 2021년 9월 중순부터 10월 초까지 '빈자의 식탁-'선진국' 한국의 저소득층은 무엇을 먹고 사나'라는 제목의 시리즈 기사를 보도했다. 총 7회 기사에 에필로그까지 추가된 적지 않은 분량이었다. 그해 6월 말부터 기사 구상을 시작했으니 취재 기간도 짧지 않았다.

보도물로 제작된 빈자의 식탁 연재는 지금까지 여러 미디어에 나온 것과 정반대 성격의 음식 콘텐츠였다. 많이 먹는 사람이 아니라 적게 먹는 사람의 이야기를 다뤘다. 갖가지 음식을 먹는 사람의 이야기가 아니라 한 가지만 먹을 수밖에 없는 사람의 이야기를 다뤘다. 가난한 사람이 집에서 어떤 음식을 먹는지, 그렇게 먹을 수밖에 없는 이유는 무엇인지를 다뤘다. 세상이 별로 관심을 두지 않았던 빈자의 밥, 그중에서도 높은 칸막이가 쳐져 있는 그들의 집밥 스토리가 콘텐츠의 중심이었다.

책에서는 그런 빈자의 밥 이야기를 좀 더 깊고 진지하게 하려고 한다. 팩트 위주로 써야 하는 형식에 얽매여 기사에 쓰지 못한 이야기, 기사 전개에 방해될까 봐 뒤로 제쳐놨다가 쓰지 못한 에피소드, 저자들이 방문한 현장의 풍경 등을 자세히 전할 것이다. 가난한 사람들과 밥을 놓고 나눈 대화, 그 대화를 통해 저자들이 느낀 점을 진솔히 털어놓을 것이다.

이 책은 기존 보도물이라는 주춧돌 위에 기둥을 세우고 벽과 천장을 만들어 집을 지은 결과물이다. 기사 내용을 그대로 옮기지 않고 대부분을 새로 썼다. 취재의 시작부터 끝까지 저자들이 겪은 일과 느낀 점을 중심으로 더 풍성한 현장 스토리를 실었다.

현장 스토리를 전하기에 앞서 우리가 왜, 어떻게 가난한 사람의 밥에 주목하게 됐는지를 이야기할 것이다. 나는 '하늘에서 뚝 떨어지는 건 없다'는 말을 좋아한다. 어떤 성취나 결과가 있다면 그에 앞서 노력이 존재한다고 믿는다. 여기서 노력은 우리가 한 것만을 의미하는 것은 아니다. 이 주제에 이른 과정을 복기해보면 우리는 취약 계층의 식생활에 관여한 여러 활동가와 복지 시설 관계자, 전문가를 만났다. 그들이 쓴 보고서와 불평등 및 빈곤을 다룬 여러 언론의 탐사보도를 읽었다. 그 활동가와 전문가와 다른 언론의 기자들이 기울인 노력의 연장선에서, 그러니까 일종의 '전통' 안에서 빈자의 식탁 연재가 태어났다. 우리는 과거를 연구하고 기록한 텍스트를 읽으면서 미래에 취재할 주제와 대상을 좁혀나갔다.

'격차'를 주제로 정하다

어떻게 밥 먹는 일에 관심을 갖게 됐는지 이야기하려면 그 직전 보도물인 '144조 균형발전예산 대해부' 연재 이야기부터 해야 한다. 전작에서 얻은 교훈이 빈자의 식탁 연재가 태어나는 데 산파 역할을 했기 때문이다.

우리는 2021년 6월 12일부터 28일까지 국가 균형 발전에 관한 5회짜리 연재 기사를 보도했다. 연재는 국가균형발전특별회계(균특회계)라는 예산을 취재한 결과물이었다. 균특회계는 일반회계와 특별회계로 구성된 정부 예산 중 특별회계의 하나다. 국가 예산을 취재해본 경험이 없으면 알기 어려운 예산이다.

국가 균형 발전을 기치로 내세운 노무현 정부는 수도권과 비수도권 격차를 줄이기 위해 2005년 이 예산을 만들었다. 처음에는 5조 4000억 원 규모였지만 점점 늘어나 해마다 10조 원 안팎이 책정되고 있다. 2020년까지 균특회계 예산을 더하면 144조 원이다. 이렇게 많은 돈이 쓰였는데 왜 수도권이 모든 걸 흡수하고 지방은 소멸하고 있을까 하는 의문에서 취재가 시작됐다. 우리는 2008~2021년 균형발전예산으로 시행되는 사업과 예산 내역을 전수조사했다. 그 결과 균형발전예산이 오히려 수도권 발전에 쓰이고 지방에서는 SOC(공공시설) 사업이나 단순 일자리처럼 균형 발전과 큰 상관이 없는 곳에 쓰인다는 사실을 밝혀냈다. 연재는 제370회 한국기자협회 이달의 기자상을 받았다.

균형발전예산 연재는 사실 처음부터 예산을 다루려는 목적에서 시작된 게 아니었다. 애초 문제의식은 '지방 중소기업에 다니는 청년'에 있었다. 그 시기 유튜브에서는 '좋좋소'라는 웹드라마가 큰 인기를 얻고 있었다. 취업에 실패하다 작은 중소기업에 취업한 조충범이라는 인물이 주인공인데 중소기업의 부정적인 현실을 매우 사실적으로 보여줘 '웃프다'(웃기지만 슬프다)는 평가를 받았다. 팀원 가운데 방극렬이 이 드라마를 보고 현실의 중소기업 청년을 취재하고 싶어 했다. 여기에 나의 '수도권 비수도권 격차'에 대한 관심이 보태졌다. 나는 수도권 집중 현상이 한국 사회 여러 문제의 주요 원인이라고 생각해왔고 이 문제에 관한 글을 좀 더 집중해 읽었다. 나는 집값이 급등한 진짜 원인은 인구와 일자리의 수도권 집중을 막지 못했기 때문이라고 생각한다. 점점 낮아지는 출산율도 젊은 사람들이 일자리를 위해 수도권으로 몰려드는 현상과 무관치 않다.

'지방 중소기업 청년' 취재는 쉽지 않았다. 당사자인 지방 청년들을 만나야 했는데 통로가 잘 보이지 않았다. 또 그냥 '지방 청년'으로 묶기에는 대상이 너무 다양했다. 취재는 한동안 진행되지 않았다. 팀원들은 점차 '수도권 비수도권 격차'와 '지방 중소기업 청년' 근처의 문제들을 뒤지기 시작했다. 광물을 캐는 사람들이 넓은 지대를 정하고 이곳저곳 곡괭이질을 하듯 우리도 거대

주제의 주변을 하나하나 탐색해나갔다. 작은 팩트에서 큰 주제로 일을 넓혀가는 방식이 아니라 중요하다고 생각하는 주제를 정하고 취재할 만한 거리를 찾는 방식으로 일을 진행한 것이다. 일주일 정도 '곡괭이질'을 하는데 양민철 기자가 '국가균형발전특별회계라는 게 있다'고 말했다. 처음 들어보는 이름이었지만 균형발전과 관련한 정부 예산을 파고든 보도는 본 적이 없는 것 같았다. 그때부터 균형발전예산을 집중적으로 파헤쳤다.

주제를 정하고 아이템을 찾아나가는 방식은 어떻게 보면 당연한 절차라고 생각할 수 있지만 실제로 이렇게 하기는 쉽지 않다. 기자들은 추상화 수준이 높은 주제, 이를테면 정치 개혁이나 경제 민주화 같은 큰 제목의 주제보다 좀 더 구체적인 아이템을 좋아한다. 취재 범위가 좁아야 취재하기 쉽고 결과물의 메시지도 명확하기 때문이다. 주제부터 시작하는 방식은 적절한 아이템을 찾지 못해 시간만 허비하다 실패할 확률이 높다.

균형발전예산 연재 보도를 마친 뒤 새로운 방식으로 아이템을 찾는 작업을 다시 해보고 싶었다. 비록 시간이 걸리고 진통도 있겠지만 끝내는 내가, 또 우리가 중요하다고 생각하는 문제를 쓸 수 있다고 믿었다. 문제의식이 뚜렷하면 기사도 더 명확한 톤으로 쓸 수 있다. 원하는 걸 쓰면 일하는 과정도 신이 날 것이라 생각했다.

현실적인 문제도 있었다. 소외된 집단을 심층 취재하는 방식은 새로운 아이템을 발굴하기 어려웠다. 여러 언론사가 심층 및 탐사 보도를 강화하면서 경쟁적으로 기획물을 쏟아내고 있었다. 아이디어를 찾다가 기사 검색을 해보면 다른 언론이 한 번쯤 다룬 주제가 대부분이었다.

'주제를 정하고 아이템 찾기'를 시작했다. '144조 균형발전예산 대해부' 연재를 끝내고 마음속에 떠올린 건 '불평등'과 '격차'였다. 기자가 불평등 문제에 관심을 갖는 건 당연한 일이라고 생각할 수 있다. 하지만 불평등과 격차 문제를 진지하게 다룬 기획 기사는 생각보다 많지 않다. 문재인 정부가 들어선 이후 사회 논쟁의 중심은 '공정'이나 '능력주의'로 옮겨진 모습이었다. 언론도 '공정'에 민감한 청년 문제를 다룬 기획 기사를 과거보다 더 많이 내고 있었다.

치킨은 못 먹는 사람들

나는 '공정'보다 '불평등'과 '격차' 문제가 더 중요하다고 생각했다. 공정은 사회구조의 모순이 결부된 문제라기보다 게임 규칙에 관한 문제다. 게임에 참여하는 사람들에게는 규칙이 중요하겠지만 그 게임에 참여할 수 없거나 배제된 사람에게 규칙은 아무런 의미가 없다. 특정한 게임에 참여할 수 있느냐 없느냐에 따라 공정은 각 개인에게 다른 무게를 지닌다. 대기업 입사라는 게임에 참여하기 힘든 지방대 출신 청년에게 취업 과정에서 공정 여부는 큰 의미가 없다. 서울 주요 대학 입시에 원서를 내기 어려운 중하위권 학생들에게 정시와 수시 비중은 큰 의미를 지니지 않는다.

불평등은 공정보다 본질적인 문제다. 1990년대 후반 IMF 외환위기 이후 한국에선 양극화 현상이 두드러지게 나타나고 이를 통해 사회는 더 불평등해지고 있다. 특히 최근에는 주요국 중앙은행의 돈 풀기와 자산 가격 상승, 국내 제조업체의 수익 증대 등 요인으로 유동성이 많아졌는데 시중에 풀린 돈이 가진 사람의 주머니로 더 많이 들어가고 있다. 부동산 가격이 오르면서 집을 소유한 사람과 그러지 않은 사람 사이의 자산 격차도 커지고 있다.

그런데 불평등을 해소하고 격차를 좁히는 것에 관한 논의는 점점 줄고 있다. 블로그나 유튜브 등 여러 미디어에 부동산이나 주식 투자로 큰돈을 벌었다고 자랑하며 올리는 글에는 '부럽다' '닮고 싶다'는 댓글이 달린다. 노력하지 않는 사람은 돈을 벌기 힘들고 그에 따른 자산과 소득의 격차는 당연하다는 사고가 공감을 얻고 있다. '사회가 불평등한 건 잘 모르겠고 일단 나부터 살아남아야 해'라는 각자도생식 태도가 대세가 됐다. 모두 먹고살기 힘든 시대라는 점에서 이해는 되지만 격차를 만드는 사회구조와 경제구조에 관한 이야기는 점점 뒷전으로 밀리고 있다. 불평등은 그 누구도 함부로 건드리기 힘든 당위가 되고 있다. 이런 상황에서 가난한 사람은 계속 가난하고 상대적으로 더 가난해질 수밖에 없다.

불평등과 격차를 조명해보자는 문제의식을 품고 다른 언론의 여러 보도를 뒤져보았다. 아이디어를 얻고 또 같은 내용을 보도하는 것을 피하기 위해서다. 눈에 들어온 기사는 서울신문의 '법에 가려진 사람들'(2020년 2월~3월 보도)이었다. 경미한 범죄로 수백만 원 벌금을 내라는 약식명령을 선고받은 가난한 사람들에 관한 보도였다. 이들은 벌금을 내지 못하면 교도소에 가 노역을 해야 한다. 이런 사람들에게 벌금을 대출해주는 장발장은행이라는 곳이 있다. 서울신문 기사는 장발장은행에서 돈을 빌린 대출자의 신청서와 약식명령 판결문을 분석한 것이었다.

서울신문 보도를 공유하고 읽어보는데 팀원 중 누군가 "먹을 것을 훔치는 사람들에 대한 기사를 써보면 어떨까요"라고 말했다. 괜찮은 생각 같았다. 장발장도 사실 빵을 훔친 사람 아니었던가. 팀원 중 권민지가 판결문을 검색해봤다. 배가 고파 음식을 훔치거나 무전취식을 해 처벌받은 경우가 있는지를 찾아본 것이다. 음식을 훔쳐 처벌받은 사건의 판결문을 읽었지만 배가 고파 훔친 것인지, 도벽이 있는 것인지, 술에 취한 상태에서 훔친 것인지 알기 어려웠다.

장발장은행 홈페이지에 들어가보니 오창익 인권연대 사무국장이 대표로 있었다. 방극렬과 권민지에게 오창익 국장을 만나 먹을 것을 훔치는 사람이 있는지 물어보고 빈곤한 사람의 실태에 관한 다른 이야기를 들어보자고 제안했다.

오창익 사무국장을 만나고 온 두 기자는 그와의 대화를 고스란히 기록해 팀 카페에 올렸다. 글을 읽기만 해도 현장에 있는 것 같은 느낌이 들 정도로 기록이 상세했다. 두 기자는 장발장은행에 관한 보도로 대화를 시작했고 오창익 국장은 여러 아이디어를 기자들에게 들려줬다. 공공 산후조리원과 노인요양원이 필요하다는 이야기, 고독사 통계를 만들자는 이야기가 나왔다.

배가 고파 먹을 것을 훔치는 사람도 있느냐는 질문에 오창익 국장은 단호하게 "없어요"라고 답했다. 한국 사회에 굶어 죽는 사람은 이제 없다는 것이었다. 인권 전문가마저 고전적 의미의 아사는 사라졌다고 보고 있었다. 오창익 국장은 다만 '밥은 먹지만 피자는 못 먹는다'는 말을 했다. '밥은 먹지만 치킨은 못 먹는다'는 말도 했다. 굶지는 않지만 먹고 싶은 걸 먹지 못하는 사람은 여전히 많다는 뜻이었다. 그러면서 "굶지 않는다고 인간으로서 존엄하냐는 건 다른 질문"이라고 말했다.

오국장을 만나고 돌아온 방극렬이 곧바로 기사 검색을 했다. '저소득가구 13퍼센트 "충분한 양 음식 먹지 못했다"'는 연합뉴스 기사를 팀 단톡방에 올렸다. 기사는 보고서를 정리한 자료 기사였다. 저소득 가구 식사에 관한 내용은 세 문장뿐이었다.

방극렬과 권민지는 이 문제에 큰 관심을 보였지만 나는 사실 좀 막연했다. 저소득층이 잘 먹지 못한다는 건 새로운 이야기가 아니었다. 먹는 격차를 보여주는 관련 통계도 이미 나와 있었다. 어디에 가서 취재해야 할지도 감이 잡히지 않았다. 인터넷으로 찾아보니 빈곤 관련 시민단체가 있었지만 식사 문제에 천착하는 것 같지 않았다.

다른 한편으로 밥은 누구나 관심이 있는 보편적인 문제라는 생각이 들었다. 먹는 일은 인간의 가장 기본적인 욕구이자 권리다. 먹을 것을 다루면 독자들의 관심을 끌 가능성이 크다는 생각을 한 것도 사실이다. 마침 코로나19로 격리된 병사들에게 군이 부실한 급식을 제공한 사실이 알려져 논란이 일고 있었다. 과거에도 어린이집 급식이나 학교 급식에 문제가 생기면 여론에서 거센 분노가 타올랐다.

일단 저소득층 식사 문제를 더 알아보기로 하고 방극렬에게 기초 취재를 해보자고 했다. 방극렬은 기존에 나온 기사와 보고서를 검색하고 전문가들에게 전화를 걸었다. 양민철과 권민지에게는 다른 기사 아이템을 제안했다. 벌꿀 수확 감소를 취재해보자고 했다. 2020년과 2021년 벌꿀 수확이 크게 줄었다는 이야기를 지인과의 저녁 식사 자리에서 들은 직후였다. 이 아이템을 제안한 이유는 두 가지였다.

첫째, 분위기를 전환할 필요가 있있다. 그동안 팀에서 사회현상이 아니라 자연현상에 관한 글은 거의 쓴 적이 없었다. 벌꿀이나 꿀벌은 다른 취재 부서에서는 큰 관심을 갖지 않는 주제였다. 무엇보다 이 문제는 기후변화와 관련이 있는 것으로 보였는데 기후변화를 주제로 보도한 적이 없었다는 마음의 빚도 있었다. 두 번째 이유는 시간을 벌기 위해서였다. 저소득층 식사 문제는 취재에 따라 큰 기획이 될 가능성이 있었다. 대형 기획을 하려면 두 달 이상 취재 기간이 필요한데 편집국 국장단이 그 기간을 인내

할 수 있을지 확실치 않았다. 탐사보도 취재 기간을 얼마나 허용하는지는 언론사마다 다른데 우리 국민일보는 짧은 호흡의 심층 기획을 비교적 자주 보도할 것을 원하는 분위기였다. 벌꿀과 꿀벌에 관한 심층 기획물로 칠월을 막고 팔구월 집중적으로 저소득층 식사를 취재하면 되겠다는 계산을 했다(2021년 7월 '벌꿀의 격감, 꿀벌의 위기'라는 글을 상·하편으로 나눠 썼다. 하편에서 꿀벌이 진드기와 폭염, 농약으로 위험에 처해 있다고 보도했는데 이듬해인 2022년 봄 실제로 꿀벌 수십억 마리가 실종되는 현상이 발생했다).

결식에서 영양으로

방극렬은 저소득층 식사에 관한 기초 취재를, 양민철과 권민지는 벌꿀과 꿀벌에 관한 취재를 진행하는 동안 나는 저소득층 식사 문제에 관한 고민을 계속했다. 그러던 중 예전 기사에서 읽은 '땅콩잼을 먹는 남성'이 떠올랐다. 오마이뉴스가 2020년 10월 연재한 기사 '고시촌에 갇힌 중년 보고서'에 등장한 사람이다. 연재는 서울 관악구 대학동 옛 고시촌에 사는 40대와 50대 중장년 남성들의 빈곤 실태를 취재한 것이었다. 기사를 다시 찾아 읽어 보니 30년 넘게 고시원에서 생활한다는 50대 남성은 한 달 땅콩잼 1킬로그램으로 영양 보충을 한다고 했다. '단백질과 지방을 섭취하기에 땅콩잼이 가장 싸고 좋다'는 설명과 함께였다. 그는 저녁으로 땅콩잼 한 숟가락을 먹었다.

이 남성의 땅콩잼 이야기는 다시 봐도 충격적이었다. 나는 기호식품으로 먹는 땅콩잼을 그는 영양 보충을 위해 먹고 있었다. 땅콩잼에 지방이 많다는 건 알고 있었지만 단백질이 있다는 생각은 해보지 않았다. 단백질은 고기로 섭취해야 하는 게 아닌가. 생존을 위한 처절함 같은 게 느껴졌다. 그 남성은 서울의 유명 사립대 법학과를 졸업했다고 했다. 자기 나름의 지식을 동원해 건강 관리를 하고 있는 것이었다. 그보다 지식이 부족한 사람의 영양 상태는 형편없을 것이 틀림없었다. 대학동 옛 고시촌에 사는 다른 사람들은 무엇을 먹고 살까, 궁금했다.

다른 한편으로 먹는 일의 격차를 한 번 더 생각하게 됐다. '땅콩잼 스토리'는 여러 미디어와 채널에 등장하는 음식 스토리와 너무 큰 대조를 보였다. 음식 걱정은 크게 없는 세상이 된 줄 알았는데, 음식은 이제 삶을 즐겁게 하는 수단이 된 줄 알았는데 다른 세상이 존재하고 있었다. 먹방이나 쿡방 등 미디어가 만들어낸 음식 스토리에 현혹돼 다른 세상에서 일어나는 일을 보지 못했던 게 아닌가, 그런 생각이 들었다.

오마이뉴스의 고시촌 중년 보도가 먹는 문제만 다뤘다면 아마 다른 아이템을 찾았을 것이다. 보도는 다행히(?) 주거 문제를 비롯해 대학동 중장년층의 삶 전반을 다뤘다. 우리가 식사 문제에만 집중해 취재하면 색깔이 다른 기사를 쓸 수 있겠다고 생각했다. 제2, 제3의 땅콩잼 남성을 찾고 싶었다.

저소득층의 식사에 관한 기사를 검색하다가 인상적인 기사를 하나 더 봤다. '떡 4조각, 값싼 햄버거… 당신의 밥상은 안녕한가요'라는 제목의 기사는 공교롭게도 국민일보 온라인뉴스부 인턴기자가 쓴 것이었다. 기사에선 떡 4조각과 복지관에서 가져다준 반찬으로 식사를 해결하는 70대 노인과 햄버거로 점심을 먹는 30대 미혼모가 소개됐다. 인턴기자가 취재하고 쓴 것이라고 믿기 힘들 정도로 잘 만든 기사였다. 무엇보다 가난한 사람들의 밥이라는 주제 의식이 우리가 하려는 것과 비슷했다.

이 기사에서 음식에 스토리가 결부될 가능성을 발견했다. 가장 눈에 띈 건 70대 노인의 부엌을 찍은 사진이었다. 사진에는 '수도가 끊겨 조리를 하지 않은 탓에 싱크대에 먼지가 뽀얗게 앉아 있었다'는 설명이 붙어 있었다. 사람이 사는 집의 부엌으로 느껴지지 않을 만큼 황폐한 모습이었다. 그렇지만 언제부터, 왜 수도가 끊겼는지 설명은 보이지 않았다. 노인의 다른 사정도 드러나 있지 않았다. 그 노인의 이야기가 궁금했다. 노인은 복지관에서 일주일에 두 차례 반찬을 지원받아 산다고 했다. 복지관 반찬이 없는 날엔 무엇을 먹을까. 먹고 싶은 다른 음식은 무엇일까. 수도가 끊기기 전 노인은 저 부엌에서 어떤 음식을 해 먹었을까. 음식을 통해 얼마나 많은 삶의 이야기가 나올 수 있을지 의심스러웠는데 이 기사를 보니 취재를 더 할 여지가 충분히 있을 것 같았다.

방극렬이 진행한 기초 취재를 통해 '식품 안정성'(food security) 개념을 알게 됐다. 식품 안정성은 '영양학적으로 충분하고 안전한 식품을 항상 확보할 수 있는 상태'를 뜻한다. 우리에게는 익숙하지 않지만 해외에서는 오래전부터 통용된 개념으로 보인다. 정부 간 기구인 '세계 식품안정성에 관한 위원회'(Committee on World Food Security)가 1974년 설립돼 활동하고 있다. 1996년과 2009년에는 '식품안정성에 관한 정상회의'(World Summit on Food Security)가 열린 적도 있다. 식품 안정성은 배고픔을 해결하는 것 이상의 개념이다. 누구나 활기차고 건강한 삶을 위해 다양하고 영양학적으로 충분한 음식을 먹을 수 있을 때 식품 안정성이 확보된다.

우리가 이 개념에 익숙하지 않은 이유는 그동안 사회의 관심이 굶어 죽지 않는 데 있었기 때문일 것이다. 한국전쟁 이후 수십 년간 우리는 배고픔과 싸워왔다. 훗날 역사학자들이 20세기 후반 한국 사회의 특징을 정한다면 배고픔을 극복해낸 시기라고 써도 될 것이다. 굶지 않기 위해 투쟁하듯 살아온 역사는 더 오래됐다. 선사시대 이후 한반도에 산 사람들, 일부 지배 계층을 제외한 대부분 사람은 내일의 끼니를 걱정하며 살았다. 굶어 죽는 공포에 시달린 수많은 시간에 비하면 그것으로부터 해방된 시간은 매우 짧다. 배를 채우는 걸 넘어 다양한 음식에서 영양까지 충족시키는 '식품 안정성'은 낯선 개념일 수밖에 없다.

식품 안정성의 반대말은 식품 불안정성(food insecurity)이다. 구글 검색을 해보니 여러 미국 언론의 보도가 나왔다. 뉴욕 타임스는 2020년 9월 '배고픔 위기에 놓인 미국'(America at hunger's edge)이라는 제목의 기사를 게재했다. 코로나19 시대 식품 불안 정성을 겪는 사람들에 관한 기사였다. 다큐멘터리 사진작가가 뉴욕에서 캘리포니아까지 이동하며 식사 빈곤을 겪는 가구를 촬영했다. 먹을 것을 충분히 먹지 못하는 흑인과 히스패닉 가구가 백인 가구에 비해 두 배가량 많다는 내용이 포함돼 있었다. 코로나19가 유행한 뒤 학교가 문을 닫으면서 저소득 가구 학생들이 무료 급식을 하지 못한다는 이야기도 있었다.

뉴욕 타임스 보도를 통해 '식품 불안정성'을 소재로 기사를 만들 수 있음을 알게 됐다. 이 보도는 일상을 파고든 사진이 눈길을 끌었지만 주제 의식은 그렇게 새롭지 않게 보였다. 우리가 어쩌면 더 좋은 기획물을 만들 수 있겠다고 생각했다.

방극렬이 가장 처음 전화한 전문가는 김상효 한국농촌경제연구원 연구위원이었다. 코로나19 유행이 시작된 2020년 1분기 식품비 지출액이 가장 많이 감소했다가 재난지원금이 배포된 2분기부터 회복됐는데 취약 계층에서 그 폭이 가장 컸다고 그는 말했다. 취약 계층은 재난지원금을 대부분 식품비에 썼다는 얘기였다. 김위원은 다만 "취재의 초점이 코로나19의 영향만 보는 것이라면 자신은 할 말이 많지 않을 것"이라고 했다.

내가 주목한 말은 그다음에 있었다. 그는 "우리나라 취약 계층은 기본적으로 식품비에 쓰는 돈이 없다시피 하다. 식품비 지출을 하지 못하면 섭취량과 영양 수준이 떨어지고 그러면 유병률이 높아져 아픈 사람이 많아진다. 국가는 이들을 위해 추가적으로 의료 비용을 내야 하므로 이대로 내버려둘 입장도 아니다"고 말했다.

당연한 얘기인 것 같지만 나 스스로는 생각하지 못했던 논리의 전개였다. 그냥 잘 먹지 못하는 사람의 모습에서 더 나아가 그들의 영양 상태와 질병의 유무, 국가의 역할까지. 취재할 수 있는 대상이 크게 확장된 것 같은 느낌이었다.

여기까지 이르고 나니 기획에 어느 정도 확신이 섰다. 현실에는 땅콩잼 남성 같은 사람이 분명히 존재하고 수도가 끊긴 노인처럼 각각의 사연이 있을 것이었다. 식품 안정성 혹은 불안정성이라는 개념을 발견했으므로 이론적 지지를 받을 가능성도 열렸다. 당사자의 영양 상태라는 새로운 취재 대상이 생겼고 정부를 이 문제에 나서게 할 명분도 찾았다. 다음 단계를, 즉 어떻게 취재할지를 생각하기 시작했다.

네 사람이 썼지만 우리만의 작업은 아니었다. 인터뷰에 응하고 내밀한 식사 사진을 공개해준 25명에게 진심으로 감사드린다. 식사 선택의 권리라는 아이디어를 생각해내는 데 도움을 주고 응원을 아끼지 않은 오창익 인권연대 사무국장에도 감사하다. 윤지현 서울대 식품영양학과 교수는 우리가 자신감을 가질 수 있게 기획에 공감하고 영양소 분석까지 맡아줬다. 깊은 감사를 드린다.

서울 대학동에서 무료 도시락을 나누는 해피인 박보아 대표를 비롯해 무료 급식 현장에서 일하는 분들에게 많은 도움을 받았다. 식사 빈곤 문제에 꾸준한 관심을 갖고 스스로 기회를 만들어 후원 활동을 하는 대학생 최문영 씨와 이태건 씨에게도 깊은 인상을 받았다. 이런 분들이 보이지 않는 곳에서 우리 사회를 지탱하고 있음을 알게 됐다.

이슈&탐사팀이라는 조직에서 마음껏 취재하고 기사 쓸 수 있었던 건 매일 마감 시간을 지키는 국민일보 편집국 동료들 덕분이다. 그들에게 고맙다는 말을 전하고 싶다.

2022년 4월

권기석 쓰다

목 차

일러두기

° 책 속에 나오는 인터뷰 대상자들의 이름은 모두 가명이다. 함께 제시된 그들의 나이
는 책이 출간된 2022년 현재의 나이이다.

° 이지은, 박민석, 오민정, 이승수, 주영순 씨와의 인터뷰는 양민철이, 남승원, 이연숙,
한혜영, 이오경, 장용기, 양정주, 이춘숙 씨와의 인터뷰는 방극렬이, 최상헌, 윤영석,
신기윤, 이현진, 김종환, 이원이 씨와의 인터뷰는 권민지가 맡았다. 해당 인터뷰를
소개하는 장에서 '나'라고 쓴 부분은 각각의 인터뷰를 진행한 저자 자신을 말한다.

이 책은 밥에 관한 이야기다. 한국의 가난한 사람들이 무엇을 먹고 사는지에 관한 이야기다. 가난하면 제대로 먹지 못한다는 사실은 누구나 안다. 돈이 없으면 충분히 먹기 힘들다. 맛있는 걸 먹기도 어렵다. 그런데 우리는 이 말의 의미를 제대로 알고 있을까.

2021년 4월 1일자 연합뉴스 기사 '저소득가구 13퍼센트 "충분한 양 음식 먹지 못했다"'를 보자. 기사는 통계청이 발간한 '한국의 지속가능발전목표(SDGs) 이행보고서'를 인용했다. 2019년 기준으로 식품 안정성을 확보하지 못한 가구는 전체의 3.5퍼센트였다. '최근 1년간 가족 모두가 원하는 만큼 충분한 양과 다양한 종류의 음식을 먹지 못했다'는 게 '식품 안정성 미확보'의 의미다. 소득 수준을 상, 중상, 중, 중하, 하 5단계로 나눠 식품 안정성 미확보 비율을 비교했더니 격차가 매우 컸다. 소득 수준이 상인 가구는 그 비율이 0.0퍼센트였던 반면 하 가구는 13.0퍼센트였다. 가장 낮은 소득 수준에 있는 사람의 13퍼센트는 충분한 양의 음식도, 다양한 종류의 음식도 먹지 못하고 있다는 뜻이다.

여기서 충분한 양은 어느 정도의 음식을 뜻할까. 또 어떻게 먹어야 다양한 종류의 음식을 먹었다고 할 수 있을까. 잘 먹지 못했다는 저소득 가구의 13퍼센트는 어떤 사람들일까. 다양한 의문이 제기될 수 있지만 기사는 세 문장이 전부였다. '가난하면 잘 먹지 못한다'는 통념을 잠시 일깨운 것뿐이었다.

가난한 사람들의 식사에 관한 우리의 관심은 딱 이 자료 기사 수준이다. '가난하면 잘 못 먹겠지.' 더도 덜도 아니고 이렇게 생각하고 만다. 왜 그럴까, 즉흥적으로 생각해보면 밥이 사람을 이기적으로 만드는 속성이 있기 때문인 것 같다. 밥을 먹는 건 누구에게나 공평한 기회다. 똑같이 하루 세끼를 먹을 기회가 있다. 누구나 식사에서 최대의 만족감을 얻고 싶다. 일단 내가 만족감을 느껴야 남의 밥을 생각해볼 여유가 생긴다.

개인적으로 가난한 사람의 식사에 관심을 가졌다고 말할 수 없다. 코로나19가 창궐하기 전 점심시간 서울역과 서대문 경찰청 근처 무료 급식 현장 옆을 지나갈 때가 많았다. 남루한 차림의 사람들이 길게 줄을 서 있었다. 대부분 중년 또는 노년 남성이었다. 이들은 급식소 안으로 들어간 뒤 비닐봉지에 담긴 음식을 들고 나오거나 식판을 들고 나왔다. 봉지 안에, 식판 위에 어떤 음식이 있었는지 궁금해 한 적이 없다. 줄을 선 사람들이 어디서 왔는지, 그날 아침 식사를 했는지 생각해보지 않았다. 그날 받은 음식을 한 끼로 먹을지 두 끼나 세 끼로 나눠 먹을지 상상해보지 않았다. 그저 '복지 체계가 가동되는구나, 굶어 죽지는 않겠구나'라고 생각했다.

밥은 친교의 수단이다. 친해지려고 밥을 먹고 친한 사람끼리 밥을 먹는다. 식사 메뉴를 정하는 과정에서 서로의 음식 취향을 알 수 있다.

집에서 먹는 집밥은 얘기가 다르다. 전날 저녁 집에서 무엇을 먹었는지 말하는 경우는 별로 없다. 간혹 집에서 먹은 밥에 관한 이야기가 나와도 주식主食 정도만 이야기한다. 무슨 반찬을 몇 가지나 상에 놓았는지 상세히 이야기하지 않는다. 집에서 음식을 만들고 이를 소셜 미디어에 자랑하는 사람들도 매 끼니를 포스팅하지는 않는다. 도시락을 싸서 다니던 과거 중학생, 고등학생은 도시락 반찬으로 친구의 집 형편을 짐작해볼 수 있었다. 무상 급식을 하는 지금 도시락으로 다른 집의 사정을 알기 어렵다. 집밥에는 매우 높은 칸막이가 쳐져 있다. 다른 사람이 집에서 무엇을 어떻게 먹는지 직접 묻기 매우 어렵다.

누구나 콘텐츠 생산자가 될 수 있는 시대, 밥은 꽤 중요한 콘텐츠 수단이다. 유튜브에서는 '먹방' 채널이 인기고 TV 예능 프로그램에선 요리가 중심 소재로 자리 잡았다. 밥이, 음식이 콘텐츠로 인기 있는 건 식욕이라는 본능을 자극하면서도 스토리를 담을 수 있어서다. 대부분 음식 콘텐츠는 그것을 먹거나 만드는 사람의 이야기를 함께 전한다. 배우자와 자녀, 친구를 위해 음식을 만드는 연예인의 모습엔 음식으로 행복해지는 삶의 이야기가 담겨 있다. 스토리와 결합된 음식은 우리가 풍요로운 세상에 살고 있다는 이미지를 생산하고 전파한다.

　그렇지만 이것이 세상 전부의 이야기는 아니다. 유튜브나 TV에 나오는 음식이 모두에게 접근 가능하지 않다는 사실을 우리는 알고 있다. 반대편 세상의 이야기, 그러니까 충분히 먹지 못하고 다양하게 먹지 못하는 사람들의 이야기는 그동안 콘텐츠가 되지 못했다. 왜 그럴까, 가난한 사람의 음식에는 스토리가 없는 걸까.

1부

식비를 줄이는 삶

대학동에는 대학이 없다

서울 관악구 대학동의 이름은 원래 신림9동이었다. '녹두거리'나 '신림동 고시촌'으로 더 유명했다. 2008년 '큰 배움의 동'이라는 뜻을 담아 동명을 바꿨다. 전국에서 대학동이라는 이름을 지닌 동은 이곳뿐이다. 사법고시가 사라지면서 배움을 찾던 고시생들이 하나둘 짐을 쌌다. 대학동 고시원은 이제 서울역 쪽방보다 저렴하다. 비슷한 방이 그 동네에 25만 원이면 여기는 15만 원, 20만 원 하는 식이다. 누군가는 "교도소까지 입소문이 날 정도"라고 했다.

고시생은 떠났지만 3000원짜리 백반은 남아 있다. 3500원짜리 순두부찌개와 4000원짜리 북엇국도 그대로다. 서울 시내가 까마득히 내려다보이는 대학동 언덕 위 식당들은 가격표를 창문 아래에 붙인다. 숫자 아래에 '무조건 선불' '카드·이체 사절'이라는 문구가 쓰여 있다. 돈을 먼저 내지 않으면 음식이 나오지 않는다. 어떤 가설도 조건도 끼어들 수 없는 정언명령이다.

창문 너머로 등 돌린 사람들이 음식을 입으로 가져가는 모습을 본 사진기자 권현구가 식당 문을 열고 들어갔다. 얼마 뒤 떨떠

름한 표정으로 나왔다.

"사진은 찍었는데요. 근데 이런 사람들을 뭐 하러 취재하냐는
데요. 다 막장 인생이라고요."

4000원짜리 부대찌개는 언덕 아래 1만 2000원짜리보다 맵
고 짜고 달았다. 먹고 나면 금세 목이 말랐다.

해피인은 대학동 한 골목에 있다. 5515번 버스에서 내려 4분
쯤 걸으면 된다. 6513번이나 5528번 버스를 타면 언덕길을 9분
올라야 한다. 일주일에 두 번, 화요일과 목요일 점심에 해피인 앞
은 줄을 선 사람들로 붐빈다. 대다수가 중년 남성들이다. 개중 일
부는 바지춤 위로 엉덩이 골이 보였다.

"잘 못 먹고 아프니까 (살이 빠져) 입던 바지가 흘러내린 거지."

해피인은 천주교 기반의 사단법인 길벗사랑공동체가 운영하
는 식사 공간이다. 박보아 해피인 대표는 무료 급식이라는 말을
싫어했다.

"여기는 공짜 밥을 주는 곳이 아니에요. 밥 먹고 서로 얘기하
는 공간이지."

밥 먹으러 들어오라는 뜻에서 이름에 '인in' 자가 붙었다. 그가
준 명함을 뒤집어보니 '월~금요일 따뜻한 점심 식사 제공'이라고
쓰여 있다. 이메일 주소가 'lucia'(루치아)로 시작했다. 로마제국 시
대에 순교한 그리스도인 동정녀 가운데 한 사람이다. 바지춤을
부여잡은 남성이 콩나물비빔밥이 담긴 플라스틱 용기를 손에 들

고 "이 사람은 성모마리아여, 마리아"라고 했다.

천주교 교구에서 결정한 사제와 수녀 인사이동에 따라 박대표가 대학동에 처음 발을 딛게 됐을 때 그의 마음속 사명은 중장년층을 만나는 것이었다. 쉬울 거라고 생각했다. 한 동네에 살면서 이야기를 나누면 금세 마음의 문을 열지 않을까 싶었다. 착각이라는 걸 깨달았다. 이곳 사람들은 서로 눈빛도 마주치지 않았다. 그러면서 외부인을 귀신같이 구별해냈다. 좀처럼 접점을 찾지 못했다. 매개체가 필요했다. 그래서 생각해낸 것이 밥이었다. 배고픈 이들이 밥 먹으러 오면 자리에 앉혀놓고 상담하고 필요한 것이 무엇인지 물어보려는 심산이었다.

박대표는 떡볶이집이었던 10평 남짓한 상가 건물 1층을 빌렸다. 살림방으로 쓰던 곳에 주방을 놓고 가정용 가스레인지 하나로 밥 짓고 반찬을 만들었다. 처음엔 15명, 20명이 모였다. 3년이 흐른 지금 150명으로 늘어난 상태다. 박대표가 내민 명부에는 이름과 전화번호, 간단한 신상 내역이 적혀 있다. '간질환' '막노동' '타인과 대화를 꺼림' 등이다. 명부에 이름이 하나둘 늘어가면서 밥이라는 것이 정말 중요한 일이 됐다고 박대표는 말했다.

"밥 때문에 사람들이 모이고 밥 때문에 말을 하고 그러다 길에서 만나면 서로 인사를 나누죠. 원래 완전히 단절된 사람들이었거든요. 정부 지원 하나도 없이 정말 기적적으로 운영하고 있죠."

여기서 잠깐, 천주교에는 인사이동만 있는 것이 아니다. 열정

페이도 있다. 멀리서 차를 타고 1시간 넘게 달려오는 자원 봉사자들의 도움이 없다면 해피인은 진작 문을 닫아야 했을 것이다.

"천주교는 인건비가 없어요. 완전히 0원. 열정 페이를 너무 좋아하거든."

대학동은 언론에 자주 등장하는 곳 중 하나다. 소외되고 가난한 사람이 모여 사는 지역은 기자들의 단골 소재다. 빈곤과 고독사를 다룬 언론 특집 기사에도 여러 차례 나왔다. 해피인은 그런 기사에 항상 주인공으로 등장한다. 좁은 고시원 풍경과 변변찮은 차림의 중장년이 인터넷 뉴스에 나올 때 주변 건물주들은 이곳을 싫어했다.

"우리 동네를 그런 동네로 비춰지게 만드니 굉장히 기분 나쁘죠. 그런 기사를 보면 항의도 해요. 그럴 때마다 혼자 생각해요. '아니, 우리더러 어떻게 하라는 거지? 우리가 어떻게 해야 하지?' 아직도 모르겠습니다. 지금 4년째 하는데 그냥 견디는 겁니다. 어려운 이들을 위해 계속해야 한다는 생각에 사명으로 견디는 겁니다. 그렇지만 이게 한계에 달하면… 모르겠습니다. 다른 사람이 또 하겠죠 뭐."

대학동에는 진보도 보수도 없다. 서울시장이 바뀌어도 대학동은 변하지 않는다. 1인 가구 비율이 95퍼센트나 되고 고독사 사망자가 전국 1위인 지역이다. 신임 서울시장은 취임 일성으로 1인 가구를 지원하겠다고 말했다. '1인 가구 특별대책추진단'이라는 것이 생겼다. 2020년 봄 공무원들이 해피인을 찾아왔을 때 그런 조직이 생긴 것을 알았다.

"무슨 추진단이 생겼다고 찾아와서 '뭐가 필요하냐'고 묻더라고요."

이 동네의 1인 가구는 청년과 여성보다 중장년과 노인의 비율이 훨씬 높다. 공무원들은 고개를 갸우뚱했다고 한다.

"대학동이라고 하니 고시생이 있을 줄 알았지, 중장년이 있을 줄은 생각도 못 한 거죠. 처음 들은 얘기라고 하더라고요."

서울시에 얘기를 다 했다. "뭐가 가장 필요하냐"는 물음에 우선 공간이 필요하다고 했다. 식당 주방에 큰 화구를 놓는 일이 시급했다. 해피인 주방엔 아직도 가정용 가스레인지 하나밖에 없다. 그걸로 150인분 밥과 반찬을 만든다.

"'그럼, 공간을 알아봐라, 도와주겠다'고 하시더라고요."

그리고 석 달이 지난 뒤 그들이 다시 찾아와 '올해 예산이 없다, 내년에 어떻게 해보겠다'고 말하고 돌아갔다. 얼마 안 있어 그들은 인사이동이 났다.

"사람들이 다 바뀌어버렸어요. 며칠 전에 새로운 사람들이 또 왔습니다. 뭐가 필요하냐고 또 묻기에 전번과 똑같이 공간이 필요하다고 말씀드렸죠."

새로 온 공무원들에게 박대표는 같은 말을 했고 그들도 "알겠습니다" 하고 돌아갔다.

여름날 대학동

무더운 여름날이었다. 대학동 언덕길 아스팔트 위로 아지랑이가 피어올랐다. 스물여섯 살 지은 씨가 해피인에 줄을 섰다. 지은씨는 반팔에 반바지 차림이었다. 그는 서울대에 다닌다. "아침도 못 먹었어요. 나는 수급자는 아닙니다."

행정고시를 준비하는 지은씨는 애초에 봉사 활동을 할 요량으로 해피인을 찾았다. 봉사 활동을 한다면 무료 도시락을 떳떳이 받을 수 있지 않을까 싶었다. 박대표에게 사정을 설명했다. 박대표는 식사 제공 명단에 지은씨 이름을 적었다. 공부만 열심히 하라고 했다. 그때부터 지은씨는 일주일에 두 번 해피인 앞에 줄을 서고 있다.

그가 사는 월세 30만 원짜리 원룸에는 화장실과 침대, 책상이 있다. 싱크대와 수도꼭지는 없다. 주로 즉석식품이나 햇반을 전자레인지에 데워 먹는다. 라면은 그때그때 편의점에서 보이는 대로 산다. 어젯밤엔 편의점에서 산 너구리 라면으로 '뽀글이'를 해 먹었다. 뜨거운 물을 붓고 5분간 기다렸다. 생활비 30만 원 중 식비로 20만 원을 쓰는 그가 할 수 있는 최선의 요리다.

그는 충남의 한 고등학교를 졸업하고 서울로 왔다. 대학에 들어와 행정고시 준비를 시작했다. 시험은 쉽지 않았다. 낙방이 이어지는 중에 집에서 보내주던 생활비가 끊겼다. 알바를 병행해야 했다. "체험학습 보조 알바를 시작할 때까지만 도움을 받을 생각이었어요. 근데 그마저 취소돼서 할 수가 없게 됐습니다."

지은씨는 말끝마다 '요'와 '다'를 번갈아 썼다. 그가 '다'로 말을 끝낼 때 나는 면접관이 된 듯한 기분이 들었다. 이력서와 자기소개서를 넘겨보며 '합격' 글자에 동그라미를 치는 상상을 했다. 정부 청사 출입증을 목에 걸면 지은씨는 대학동을 떠날 수 있을 것이다. 고장 난 휴대폰을 고치고 밀린 통신비도 낼 것이다. "그때까지는 여기서 도움을 받을 수밖에 없습니다."

같은 대학동에 사는 스물네 살 박민석 씨도 해피인에서 일주일에 두 번 밥을 받아 일주일을 난다. 그 밥을 먹으면서 한편으로 3500원짜리 순두부찌개나 2500원짜리 잔치국수를 사 먹는다. 민석씨는 고등학교만 나와 노무사 시험을 준비한다. 같은 줄에 서서 서로를 모르는 두 사람은 나란히 파란색 이케아 장바구니를 들고 콩나물비빔밥을 받는다. 하얀 플라스틱 용기에 담긴 비빔밥을 손에 든 채 둘은 단백질 섭취가 중요하다고 생각한다.

민석씨는 몸이 허한 것 같으면 노브랜드 버거에서 1900원짜리 그릴드불고기 버거나 2900원짜리 데리마요 버거를 사 먹는다. 그가 생각하는 "가장 싸게 고기를 먹을 수 있는" 방법이다. 지은씨는 편의점에서 구운 계란을 산다. 이들은 자신들이 단백질을 챙겨 먹고 있다는 것에 의견을 같이 했다. "과일은 못 사 먹는다"고 했다.

두 사람은 가족 관계를 길게 말하지 않았다. 서울대생 지은씨도, 성남 출신 민석씨도 "가족과 연을 끊었다"고만 했다. 사실 달리 설명할 도리가 없었을 것이다. 그들의 앞에 놓인 빈곤은 현실이다. 어떤 복지 정책도 쌀을 줄지언정 가정사를 해결해주지는 않는다.

민석씨는 그간 모은 1000만 원을 밑천 삼아 시험 준비를 하고 있다. 매월 생활비로 40만 원씩 야금야금 꺼내 쓴다. 2년 내 합격이 목표다. "집에선 지원을 못 해줘요. 제힘으로 해야 해요." 월세 23만 원을 내고 남은 돈으로 햄버거를 사 먹는다고 했다. 어느 프로야구 선수가 "2군 시절에 처음 패스트푸드를 먹어봤다"고 했던 말을 들은 기억이 났다. 나는 햄버거를 먹는 순간만큼은 민석씨도 프로야구 2군 선수와 같은 식단을 따르는 거라고, 워런 버핏도 햄버거를 즐겨 먹지 않느냐고 말했다. 민석씨는 아무런 대답도 하지 않고 웃었다.

민석씨는 하루 식사 사진을 일주일간 스마트폰으로 찍어 보내줬다. 첫날 점심은 해피인에서 받은 콩나물비빔밥, 저녁은 해피인에서 받은 식빵과 과일 몇 개, 흰 우유였다. 다음 날 점심은 전날 먹고 남겨둔 콩나물비빔밥, 식빵, 과일이었다. 목장의 건강함을 그대로 담았다는 우유도 똑같았다. 저녁도 같은 메뉴였다. 셋째 날 점심은 해피인에서 받은 볶음김치와 쌀밥, 가지볶음이었다. 저녁은 계속 아껴 먹어온 식빵과 우유, 넷째 날 점심은 남은 볶음김치에 쌀밥을 비벼 먹었다. 나흘간 비빔밥과 식빵, 볶음김치밥 사진이 번갈아 왔다.

민석씨는 닷새째 점심엔 잔치국수 사진을 보냈다. "해피인 식사가 화요일과 목요일로 바뀌어서 사 먹는 게 많아졌어요." 사진 속 메뉴판에는 잔치국수 가격이 2500원으로 돼 있다. 주말 이틀 동안엔 햄버거 5개를 먹었다. 월요일 점심에는 3500원짜리 순두 부찌개를, 저녁엔 다시 햄버거를 먹었다. 화요일에는 해피인에서 받은 도시락을 먹었다.

민석씨에게 3만 원 상당의 편의점 기프티콘을 보냈다. 취재에 협조한 대가였다. "오늘이 마지막이군요. 감사합니다." 그는 편의 점 기프티콘을 언제 보내주는지 한 번도 묻지 않았다. 꼬박꼬박 자신의 식사 사진을 보내면서도 그는 아무것도 확인하지 않았다. 그저 말없이 기다렸다. 어쩌면 노무사는 그가 경험한 수많은 근 로 현장에서 무엇보다 필요했던 직업이었을지도 모른다.

그 뒤로 더는 지은씨를 만나지 못했다. 박대표를 통해 연락을 취해봤지만 그의 회신은 없었다. 도시락을 받으러 오던 발길도 언젠가부터 뚝 끊겼다. 많은 이유와 복잡한 사정이 있었을 것이 다. 그것은 좋은 일일 수도 안 좋은 일일 수도 있다. 대학동에서는 어느 것도 특별한 일이 아니다. 행정고시 합격자 명단에서 이름 을 발견하는 날이 온다면 지은씨는 분명히 어디에선가 대학동의 여름날에 하지 못한 봉사 활동을 하고 있을 것이다. 여전히 말끝 마다 '다나까'를 쓰면서.

길벗사랑공동체 해피인의 자원 봉사자들이 서울 대학동 옛 고시촌에 사는 저소득층을 대상으로 무료 도시락을 나눠주고 있다.

낮 12시 대학동의 한 골목길. 파란색 상바구니를 든 사람들이 작은 가게 앞으로 모여들었다. 파란색 장바구니는 해피인이 나눠준 것이다. 이날 메뉴는 콩나물 비빔밥. 150여 명이 몰려들어 1시간 만에 동이 났다. 이곳을 찾는 사람들은 독거 중장년 남성이 대다수다. 월세 15만~20만 원 고시원·원룸에 살며 하루에도 여러 번 허기를 느끼는 이들이다. 해피인은 떡볶이 가게였던 6평 남짓한 상가를 임차한 뒤 혼자 사는 저소득 중장년에게 밥을 줬다. 그러다 코로나19가 터지면서 도시락을 나눠주게 됐다. 최근에는 여성과 젊은 층까지 줄을 선다. 사진 권현구

대학동에 사는 박민석 씨가 보내온 일주일 치 식탁 사진은 단출했다. 그는 길벗사랑공동체 해피인에서 무료 도시락을 받아 일주일을 난다. 도시락 지원이 없는 날엔 인근 식당에서 3500원짜리 순두부찌개나 2500원 하는 잔치국수를 먹는다. 몸이 허하다고 느껴질 땐 패스트푸드 업체인 노브랜드 버거에서 파는 그릴드불고기 버거나 데리마요 버거를 먹는다. 가장 싸게 고기를 먹을 수 있는 방법이다.

사진 박민석

설탕국수

서울 강서구 지하철 9호선 가양역 1번 출구를 빠져나오면 임대 아파트촌이 펼쳐진다. 출구에서 가장 가까운 가양 4단지를 포함해 5개 단지가 모두 영구·공공 임대아파트다. 일자리를 찾아 서울로 밀려드는 사람들로 집이 턱없이 부족했던 1980년대 후반, 정부는 이곳에 임대아파트를 집중적으로 지었다. 그 결과 오늘날 강서구는 서울에서 임대아파트가 가장 많은 곳이 됐다. 쪽방촌과 고시원 등을 전전하는 기초생활수급자, 장애인, 독거노인 가운데 운이 좋은 사람이 임대아파트로 넘어온다. 한 달 10만 원이 안 되는 돈으로 서울에서 몸 눕힐 아파트를 구할 수 있는 곳은 여기뿐이다.

한국 사회에서 임대아파트는 일종의 게토다. 주변 주민들은 이곳에 부정적 이미지를 갖고 있다. 한국토지주택공사(LH)는 2020년 '공공임대주택 이미지 개선 방안 연구' 보고서를 작성하면서 인근 주민들에게 임대아파트에 대한 생각을 물어봤다. 주민들은 '노후하고 층간 소음이 많음' '수급자같이 능력 없는 사람들의 주거지' '슬럼가' '사회적으로 필요하지만 나는 절대 가지 않을

곳'이라고 대답했다.

　가양동 임대아파트 거주민들도 인근 '일반' 단지 사람들의 경멸 섞인 눈초리를 느낀다. 이곳에 10년 넘게 거주했다는 70대 노인은 "일반 아파트 사람들은 이리 다니지 않아요. 무시하는 경향이 있어요. 여긴 없이 사는 수급자와 장애인들이나 사는 데라는 거죠"라고 말했다. 노인은 '가난한 사람이 모여 살아 근처 집값을 떨어뜨린다'는 말도 숱하게 들어왔다.

　탐사보도팀에 근무하면서 가양 임대 단지를 찾은 것은 이번이 두 번째였다. 2020년 정부의 임대주택 정책이 영향을 미치는 현장을 취재하기 위해 찾았을 때는 겉모습에 집중했다. 벽면의 벗겨진 페인트와 물이 새는 복도를 스케치하고 공인중개사에게 집값 추이와 시장 분위기를 물었다. 이번에는 취재 포인트가달랐다. 저소득층의 식사를 취재하려면 현관문을 열고 집 안으로들어가 식탁을 들여다봐야 했다. 임대아파트 주민들의 사정을 잘아는 이가 필요했다.

　전국주거복지임대연합회 소개로 예순네 살 남승원 씨를 만났다. 승원씨는 가양 4단지의 임차인 대표회장이다. 초기에 입주해 30여 년간 이곳에 살았다. "초창기에 들어와 지금까지 살아왔으니 오래 산 주민 중에 날 모르는 사람이 없죠. 돈을 잘 벌 때는 여기 단지 사람 중 내 밥을 안 먹어본 사람이 없었어요." 임차인 대표인 그는 주민들과 접점이 많아 보였다.

전남 고흥에서 상경한 승원씨는 건설 현장에서 수십 년간 일했다. 현장 반장 자리까지 올랐고 그 후엔 작은 하청 업체를 꾸려 운영했다. 4단지에 처음 입주했을 때는 가족과 함께 민간 청약으로 들어왔을 정도로 넉넉한 축에 속했다. 각종 모임에 나가면 밥값과 술값을 턱턱 냈다. 중년 남성이 한턱내는 호기로움을 사회생활의 덕목으로 여기던 때였다.

그러다가 강동구에서 빌딩을 짓던 중 떨어진 벽돌에 머리를 다치면서 손과 다리에 마비가 왔다. 산업재해로 건설 현장에서 일하지 못하게 된 뒤 가정불화를 겪다가 이혼했다. 가족과 연이 끊기고 소득이 사라진 승원씨는 기초생활수급자가 됐다. 가벼워진 지갑만큼 인맥도 줄었다. "지금은 남을 만나기가 부끄러워요. 옛날에 잘나가던 사람이 이제 밥 한 그릇도 사줄 형편이 안 되니까 스트레스를 많이 받죠."

중산층에서 굴러떨어졌다고 생각하는 승원씨는 월 수급비 56만 원을 아껴 한 달을 산다. 산다기보다 버틴다는 표현이 맞다. 임대아파트 관리비를 내고 약값에 돈을 쓰다 보면 살림은 언제나 빠듯하다. 생활비로 10만 원, 20만 원씩 빌린 돈을 갚지 못해 카드로 돌려막다가 불어난 빚이 350만 원이다. 승원씨는 곤궁해질 때마다 제일 먼저 반찬을 줄인다. 밥은 기초생활수급자에게 매달 10킬로그램씩 지급되는 나라미로 짓고 반찬은 길에서 파는 나물 한두 가지를 상에 올린다. 며칠 동안 같은 반찬을 먹다가 반찬이 쉰 탓에 배탈이 종종 난다.

고향인 전라도에서 별미로 먹는 설탕국수는 한 끼 식사를 해결하는 데 유용하다. 소면을 삶은 뒤 찬물에 넣고 설탕만 두세 스푼 뿌려 만드는 국수는 그의 여름철 주식이다. "반찬이 없을 때 맨밥만 먹기도 그렇잖아요. 그럴 땐 밥이나 국수에 설탕을 넣어 먹어요. 옛날에 전라도에선 다 그렇게 먹고 살았어요. 달게 해 먹으면 먹을 만해요." 설탕이 귀했던 어릴 적에는 사카린을 넣어 먹었다. 그와 연락을 주고받은 일주일간 그는 설탕국수를 네 차례나 먹었다.

2021년 7월 29일 점심 승원씨의 59제곱미터(18평) 아파트를 찾았을 때도 그는 설탕국수를 먹었다. 현관에 들어서자 좁은 부엌에 놓인 큼직한 플라스틱 설탕통과 대형 소면 봉지가 눈에 들어왔다. 무엇이든 대량으로 싸게 구해두고 나눠 먹는 생활의 흔적이었다. 승원씨는 오래 써 낡은 냄비에 수돗물을 담고 면을 삶기 시작했다. 다 삶은 면을 찬물로 짧게 헹구다가 그대로 물과 함께 밥그릇에 담았다. 설탕을 두 스푼 반을 떠 그릇에 털어 넣었다. 환풍기가 고장 나 작동하지 않는 부엌에 단내가 돌았다.

설탕국수와 함께 먹을 반찬으로 승원씨는 냉장고에서 붉은색 무침류 하나를 꺼냈다. 며칠 전 사놓은 오이와 더덕 무침이 수분을 잃고 바싹 말라 있었다. 전자레인지와 전기밥솥이 자리를 차지해 안 그래도 좁은 식탁이 설탕국수와 반찬 하나를 놓자 가득 찼다. 라면보다 간단하고 저렴한 점심이 10분도 안 돼 차려졌다.

승원씨는 후루룩 몇 젓가락 만에 설탕국수를 해치웠다. 면을 다 먹고도 배가 차지 않았는지 밥솥에서 찬밥 한 덩이를 덜어 국물에 말았다. "배가 큰 것 같아요." 그는 머쓱한 듯 웃었다. 밥을 다 먹고 나선 그릇에 남은 설탕물을 남김없이 마셨다. "반찬을 사도 여름엔 더운 날씨에 금세 상해버려요. 설탕국수가 제일 낫죠. 단맛으로 먹어요, 단맛으로." 건강을 위해 당과 설탕 섭취를 줄이자는 캠페인은 그의 밥상에 닿지 않았다.

설탕국수를 먹지 않을 때 승원씨는 비슷한 반찬 한두 가지를 반복해 먹는다. 전날 저녁에 시금치와 카레밥을 먹고 다음 날 점심으로 시금치와 설탕국수를 먹는 식이다. 그에게 냉장고를 보여달라고 부탁했다. 반찬통 3개 말고 다른 것은 보이지 않았다. 승원씨는 체중이 자꾸 줄어든다고 했다. 최근 6개월간 8킬로그램이 빠졌다. "몸무게가 쑥 빠져서 대학 병원에 가 암 검사도 받고 다 해봤는데 특별한 이상은 없다고 해요."

가양 4단지에는 취약 계층 거주민을 보살피는 사회복지관이 있다. 승원씨는 복지관 혜택을 누려본 적이 없다. 1958년생인 그는 복지관에서 주는 무료 급식과 도시락을 받기에 너무 '어린' 나이였다. 전년부터 식사 지원 프로그램을 신청하고 있지만 자리가 없다는 답변을 들었다. 복지관이 가진 역량에 비해 가난한 이들이 차고 넘쳤다. "(무료 급식할 수 있는) 식당 정원이 100여 명 정도 되는데 지금 대기자가 많대요. 작년에 이사 온 여든 살 넘은 할머니한테도 '사람이 너무 많아 식사를 못 드린다'고 하더래요."

이름 없는 가게

남승원 씨가 말한 할머니는 임대아파트 같은 동에 사는 여든다섯 살 이연숙 씨다. 할머니는 복지관에서 무료 도시락을 받을 줄 알았다가 기다려야 한다는 말을 듣고 놀랐다. "음식 담당하는 분이 그러는데 대기자가 많아 한참 기다려야 하나 봐요. 상태에 따라 (도시락을) 지원해줄 사람은 빨리 준대요. 그런데 또 나는 그에 비하면 나은지 줄 생각을 안 해요."

형편이 어려운 독거노인에 대한 음식 지원 상황은 동네 사정에 따라 다르다. 할머니가 전에 살던 마포구에선 복지관이 수급자 노인들의 밥을 넉넉히 챙겼다. 매일 식사 메뉴가 바뀌었고 고기반찬도 푸짐했다. 새로 이사 온 가양동에선 밥이 어떻게 나오는지 알지 못한다. 서글플 법도 하지만 할머니는 상황을 이해한다고 했다. "여기는 수급자들이 많아서 그럴 수밖에 없나 봐요."

할머니가 종종 장을 보러 가는 단골 가게는 이름이 없다. 아파트 근처 허름한 상가 구석에서 식자재를 저렴하게 파는데 간판이 없다고 했다. "여러 채소와 과일을 뭉텅이로 파는 가게인데 이름이 없어요. 질은 안 좋아도 값은 싸요. 싼 맛에 먹지 마트에서 파는 것과는 (질적으로) 달라요." 신선하지 않은 물건이어도 값이 싸다 보니 아침 일찍 가도 줄을 서 기다려야 한다.

할머니는 이름 없는 가게에서 산 재료로 반찬을 만든다. 재료가 신선하지 않은 탓에 맥아리가 없었다. 그날 점심에 집에서 무얼 먹었는지 묻자 할머니는 냉장고에서 반찬통을 꺼내왔다. 배추 김치와 깍두기, 가지무침, 생오이가 식탁에 놓였다. 이보다 더 단출할 수 있을까. 할머니는 "어떤 때는 더 너저분하게 먹어요. 혼자 사니까 입에 맞는 반찬 하나만 두고 먹기도 해요"라고 말했다.

채소로 만든 반찬만 먹다 보면 허기와 무기력이 귀신같이 찾아왔다. 고기를 먹으면 확실히 시장기가 덜했다. 하지만 배를 든든히 채워줄 고기는 "어쩌다 한 번이지, 감히" 자주 먹지 못한다. 미식이나 '먹방'이라는 단어를 할머니는 알지 못하리라. 어쩌면 그런 말이 세상에 존재하는지 모를지도 모른다. 무엇을 가장 먹고 싶으냐는 질문에 할머니는 "찌개에 김치와 나물을 올려놓은 백반 한 상"이라고 답했다. 정부 지원이 늘어나 살림이 좀 더 넉넉해진다면 돼지 목살을 사 먹고 싶다고 했다. 돼지 목살 말고 한우를 드시죠 하고 물었더니 이 모든 게 가정법이어도 '한우는 너무 비싸서 생각도 못 한다'는 답이 돌아왔다.

좁은 집에서, 혼자, 굶어 죽지 않을 만큼만 먹는 삶은 복지가 아니라 형벌일 수 있다. 할머니는 인터뷰 도중 '그만 죽었으면 좋겠다'는 말을 여러 번 했다. "재미가 없으니까. 사는 낙이 있어야 하는데 나이 먹어 맹목적으로 사는 게 아주 고약해요. 저녁에 드러누우면 '아유, 이대로 그냥 눈 감고 뜨지 말았으면' 하고 생각할 적이 한두 번이 아니에요." 할머니의 고립감과 우울감은 코로나 19가 유행하며 더욱 커졌다. 거리두기가 강화되면서 한동안 복지관에 다닐 수 없어서다.

남승원 씨와 이연숙 할머니처럼 식사 지원 대상에 속하지 못한 빈곤층은 생각 이상으로 많다. 보건복지부가 실시한 2020년 노인실태조사에 따르면 소득 하위 20퍼센트 노인 가운데 복지관 무료 식당을 이용한 경험이 있는 사람은 15.3퍼센트에 불과했다. 식사나 밑반찬을 배달해주는 서비스를 받아본 비율은 6.2퍼센트였다.

복지관에 음식 지원을 신청한 노인은 주말에 인기 많은 대형 쇼핑몰 주차장에 들어간 운전자와 같은 신세다. 먼저 주차한 누군가가 차를 빼 자리가 비어야 들어갈 수 있다. 서울의 사회복지관 관계자는 "음식을 받으려면 기존에 등록된 어르신 중 한 명이 다른 지역으로 이사 가거나 돌아가셔야 하는 구조다. 대기자가 많으면 자리가 아예 나지 않기도 한다"고 설명했다.

2020년 노인실태조사에 따르면 65세 이상 노인의 27.8퍼센트가 영양 섭취에 문제가 있는 것으로 나타났다. 사회 경제적으로 취약한 독거노인(45.3퍼센트)과 85세 이상 고령 노인(42.3퍼센트), 가구 소득 하위 20퍼센트 노인(38.1퍼센트)의 영양 상태는 더욱 좋지 않다. 정부는 저소득층 식생활 지원에 복지 예산을 투입하고 있다고 하지만 못 먹는 사람은 계속 못 먹는다.

서울 가양동 임대아파트에 사는 남승원 씨가 삶은 소면과 맹물을 담은 그릇에 설탕을 뿌려 설탕국수를 만들고 있다. 승원씨는 일주일 중 사흘간 설탕국수를 먹은 사진을 보내왔다. 고향인 전남에서는 별식일지 몰라도 현재 기초생활수급자인 그에게는 생존을 위한 주식이나 다를 바 없다. 사진 이한결

가양동 임대아파트에 사는 80대 이연숙 씨의 점심 반찬. 김치와 깍두기, 장아찌, 오이가 신문지 위에 놓여 있다. 식비 지출을 최소화한 저소득층의 식사는 간단할 때가 많다. 먹을 수 있는 음식 종류는 제한돼 있고 양은 충분치 않다. 할머니는 정부 지원이 늘어나 살림이 좀 더 넉넉해진다면 돼지 목살을 사 먹고 싶다고 했다. 사진 방극렬

하얀 라면

대학동에 사는 서른아홉 살 최상헌 씨의 라면은 하얗다. 초록색 파 건더기도 노란색 계란도 없이 오직 면과 국물뿐이다. 반찬으로 김치를 곁들이는 일도 거의 없다. 그저 하얀 라면뿐이다.

하얀 라면은 식비를 아끼려고 방법을 찾다가 나온 결과물이다. 한 번에 봉지 라면 2개를 뜯으면 면이 2개, 수프가 2개 생긴다. 면을 하나만 먹으면 배가 고프다. 1개 반은 먹어야 다음 끼니까지 버틸 수 있다. 면 1개 반에 분말 수프 1개를 넣어 라면을 끓인다. 다른 라면에 비해 하얗게 보일 수밖에 없다. 남은 재료, 그러니까 면 반 개와 수프 1개에 사리면 하나를 추가하면 또 한 끼를 먹을 수 있다. 사리면은 라면의 절반 가격이다. 이만큼 확실한 절약이 없다.

2021년 7월 28일 나는 대학동의 무료 도시락 배부 현장에서 상헌씨를 만났다. 일주일에 두 번 대학동 주민들에게 도시락을 나눠주는 날 정오가 되면 상헌씨는 파란색 이케아 봉투를 들고 해피인 사무실 앞에 줄을 선다.

해피인에서 받는 도시락을 제외하면 상헌씨는 주로 라면을 먹는다. 라면을 먹지 않는 날이 한 달에 며칠이나 되냐고 물었더니 그는 "없는 것 같다"고 했다. 연거푸 질문하는 내게 그는 숫자로 라면이 주식임을 증명했다. "오뚜기 라면사리 40봉들이 한 박스가 1만 1080원, 틈새라면 40개들이 한 박스가 2만 4000원, 햇반 200그램 24개들이 한 박스가 2만 2000원이에요. 햇반 2박스, 라면 1박스, 라면사리 1박스를 사면 7만 9080원입니다." 그는 라면과 햇반 가격을 달달 외우고 있었다. 더 묻지 않아도 그의 사정을 알 수 있었다.

일주일간 상헌씨가 보내온 식사 사진을 보면 하루 세끼를 다 먹은 날은 이틀뿐이었다. 보통 하루에 한두 끼만 먹었다. 세끼를 먹은 날 보내온 사진을 보면 온전한 세끼라고 부르기 어려운 구성이었다. 아침으로 해피인에서 받은 바나나 2개, 점심으로 해피인에서 받은 도시락, 저녁은 또 바나나 2개. 다른 날은 아침으로 라면, 점심으로 해피인 도시락, 저녁으로 또 라면을 먹었다. 해피인에서 받아 온 음식이 있어야 세끼를 먹는 게 가능했다. 해피인은 그의 밥줄이었다.

식사 사진 14장 중 9장에서 라면이 보였다. 상헌씨는 틈새라면, 진라면, 미역국라면 등 다양한 라면을 먹었다. 하지만 계란과 함께 끓이거나 김치를 곁들인 라면은 보이지 않았다. 한번은 콩나물김치라면을 끓여 먹었다고 사진을 보내왔는데 콩나물도 김치도 보이지 않았다. '콩나물김치라면'은 라면 상표명이었다.

하루에 한 끼만 먹은 날도 이틀이나 됐다. 아침으로 라면 2개를 끓여 먹은 날은 점심과 저녁을 먹지 않았다. 그는 사진을 보내오면서 "수프 한 개 여유분을 만들기 위해 라면 2개를 끓여 먹었습니다. 많이 먹어서 점심은 굶었습니다"라고 설명했다. 아침을 거르고 점심 겸 저녁을 라면 한 개로 때운 날도 있었다.

일주일간 라면을 빼고 상헌씨가 돈을 주고 사 먹은 음식은 편의점에서 파는 2200원짜리 '이딸라 도시락' 하나뿐이었다. 소시지와 국산 볶음김치가 든 도시락의 겉포장엔 '컵라면이나 샐러드, 된장국과 함께 먹으면 환상 궁합'이라는 문구가 쓰여 있었다. 상헌씨는 도시락만 먹었다.

'특식'을 먹을 때도 있다고 했다. 서울 지하철 2호선 신림역 인근 신원시장에서 돼지껍데기나 장조림 등을 사 먹는다는 것이다. 특식을 사는 데 한 번에 2만 원을 쓸 때도 있다고 했다. 하지만 일주일 치 식사 사진 속에 특식은 없었다.

부산에 살던 상헌씨는 대기업에 납품하는 유통회사에 취업하며 상경했다. 발령받은 근무지에 따라 서울 혜화동과 논현동 등으로 주거지를 옮겼다. 지방 출신 청년은 쉽게 옮길 수 있는 집을 찾다가 고시원에 들어갔다. 하지만 오히려 고시원에서 지낸다는 이유로 발령이 잦아지는 것 같아 상헌씨는 물가가 저렴한 관악구 봉천본동(현 청룡동)에 정착했다.

그에게 언제 어떻게 회사를 나왔는지 물었으나 속 시원한 대답을 듣지 못했다. 2015년, 2016년쯤 회사의 결정에 따라 쫓겨나

듯 퇴사했다고 했다. 마지막 회사에서 오륙 년쯤, 업계에선 총 10년쯤 일했을 때였다. 그는 "그때부터 망한 것 같다"는 말을 여러 번 했다.

회사를 나오고 한 달간 술만 마셨다. 속기사 자격증을 따서 9급 공무원이 될 생각으로 잠깐 준비했지만 얼마 지나지 않아 포기했다. 상헌씨는 그즈음 쿠팡 물류센터에서 일용직으로 일했다. 그 일도 코로나19가 유행하기 석 달 전 허리를 다치면서 계속할 수 없었다. 이후 막노동판을 전전하던 중 현장에서 가만히 서 있다가 쓰러졌다. 현장소장이 그 모습을 본 뒤로 그곳에서 일자리를 구할 수 없었다.

코로나19는 남의 일이 아니었다. 유행이 급속도로 퍼지면서 더욱 일자리를 구하기 어려워졌다. 상헌씨는 코로나19 백신 접종을 하지 못했다. 의사는 그에게 백신을 맞지 말 것을 권고했다. 과거 병원에서 혈액검사를 위해 피 10밀리리터를 채혈했을 때 두세 시간 몸을 떤 적이 있어서다. 백신을 맞지 않으면 일자리를 구할 수 없었다. 백신 패스가 도입된 뒤 상헌씨는 모든 구직 면접에서 떨어졌다.

사람마다 돈을 버는 방법은 다르다. 정년을 채우며 회사에 다니는 사람이 있는가 하면 한 가게를 오랫동안 운영하는 사람도 있다. 상헌씨는 그 어디에도 속하지 않는 사람이었다. 스스로 "남들처럼 평범하게 살기 힘든 사람"이라고 표현했다. 이제 와 신입으로 회사에 들어가기에는 나이가 많았다. 가게를 열려 해도 자본금이 없었다. 상헌씨는 완전히 낯선 분야에서 새로 시작하기로 했다. 이왕이면 아픈 허리를 혹사하지 않아도 되는 일거리를 찾아야 했다.

가보지 않은 길이라 살얼음판을 걷듯이 조심스러웠다. 비상시에 쓰려고 100원, 500원 모아둔 저금통을 깨 생활비에 보탰다. 설문조사에 참여해 쌓은 각종 포인트도 모두 현금으로 바꿨다.

월세는 밀린 지 오래됐다. 밀린 월세가 이미 보증금을 넘긴 상황에서 다시 연체했다. 다행스럽게도 집주인은 오가며 잔소리를 할 뿐 내쫓지 않았다. 계약서에는 두 달 이상 방값을 내지 않으면 퇴거해야 한다고 적혀 있다. 대학동에서 독거 중장년 남성을 위한 쉼터인 '참 소중한...' 센터를 운영하는 이영우 신부의 도움을 받아 밀린 방값 일부를 해결했지만 15만 원을 여전히 못 내고 있다. 매달 21일이 되면 내야 할 방값이 45만 원씩 더해진다.

상헌씨는 기초생활수급제도 지원을 받기 위해 주거급여를 신청했다. 신청이 받아들여지면 한 달에 31만 원씩 방값이 지원된다.

"안 겪어보면 몰라요. 나도 망하기 전에는 수급자를 보고 남들이 뼈 빠지게 벌어놓은 돈을 쓰는 도둑들이라고 생각했어요. 근데 지금 상황에선 수급자가 될 수 있다면 재기할 발판이 생기리라고 생각해요. 아침에 일어나 잘 때까지 모든 행동이 돈으로 계산되는 이 기분은 안 겪어보면 절대 몰라요."

상헌씨는 요즘 돈이 되는 일이면 무엇이든 한다. 사진을 찍어 클라우드픽 같은 사진 판매 사이트에 올리기도 하고 자신의 목소리를 녹음해 온라인 마켓과 플랫폼 등에 팔기도 한다. 정확히 누가 사는지 어떤 용도로 쓰이는지 알지 못한다. 휴대폰 앱의 팝업 광고 등에 활용되겠거니 하고 짐작할 뿐이다.

프로필 사진을 찍어야 하는데 비싸다는 무명 배우 친구의 푸념을 듣고 사진이 돈이 될 것 같아 직접 사진 촬영에 나섰다. 전문가만큼 잘 찍지는 못하지만 공을 들였다. 눈 내린 풍경을 찍기 위해 노들섬에서 남산타워까지 종일 걷기도 했다. 클라우드픽에 올려 한 장에 2만 원을 받기도 했지만 대부분 사진들은 500~700원에 팔렸다.

고등학교 때부터 좋아하던 랩도 돈벌이 수단이 됐다. 예전에 찍은 비트를 들은 주변 사람들의 반응이 나쁘지 않았다. 상헌씨는 당장 자신의 비트가 팔리리라고 기대하지 않는다. 하지만 언젠가 쓸모가 있을 거라고 생각해 시간이 날 때마다 비트를 찍는다.

영화계에서 일하는 친구의 부탁을 받고 장소를 섭외하기도 한다. 예천국제스마트폰영화제에 출품하기 위해 시나리오도 쓴다. 최근에는 카카오뷰를 통해 돈 벌 방법을 궁리하고 있다. 뉴스 속보와 무명 배우 소개, 걷기 등을 소재로 3개 채널을 운영할 계획이다. 한 달에 5만 원, 10만 원만 고정적으로 벌 수 있어도 성공이라고 생각한다. 요즘 유행이라는 NFT(대체 불가능한 토큰)도 공부하고 있다. 한 푼이라도 더 모으기 위해 사력을 다한다.

"재능이 있다고 생각해 하겠습니까. 흥미가 있어 하겠습니까. 그냥 이런 식으로 하다 보면 뭐 하나 나올 것 같다는 생각이 들어요. 이대로 망하기는 억울해요. 내 나름대로 열심히 살았다고 자부하는데, 망하고 좌절해 아무것도 안 한 놈으로 잊히면 너무 억울하잖아요."

가족이 가족에게 지칠 수 있다는 걸 또 상헌씨는 알아버렸다. 미혼인 그에게 가족은 부모님과 남동생이다. 벌이가 시원치 않고 여러 일을 전전하는 시간이 계속되자 가족은 지쳐갔다. 형의 건강을 걱정해 각종 영양제를 보내오던 동생은 이제 전화를 받지 않는다. 고민 끝에 금전적 지원을 요청하면 얼마라도 부쳐주던 부모님도 전화를 받지 않은 지 두어 달이 지났다.

고향을 찾아 가족 얼굴을 보고 이야기하고 싶어도 부산에 갈 차비가 버거웠다. 햇반과 리면, 사리면의 가격을 모두 외우는 그가 차비가 얼마인지 모를 리 없다. 그는 자신이 재기하면 가족과 사이가 예전으로 돌아갈 수 있으리라고 한동안 믿었다. 하지만 최근 생각이 바뀌었다. 예전처럼 일하고 돈을 벌더라도 과거로 돌아갈 수 없다는 생각이 자꾸 든다.

"아무리 가족이라고 해도 지치기 마련이거든요. 전화를 받지 않은 지 좀 됐어요. 욕해도 좋고 물건을 집어 던져도 좋고 문전박대해도 좋으니까 말이나 한마디 섞어봤으면 좋겠어요."

그나마 사촌 동생을 통해 부모님 소식을 듣는다. 사촌 동생은 상헌씨 아버지가 코로나19 백신 3차 접종을 받은 뒤 부작용을 겪었다고 전했다. 그날부터 상헌씨는 광화문 대로변에서 열리는 코로나19 백신 접종 반대 집회에 나가기 시작했다.

사촌 동생은 이제 가족과의 유일한 연결 고리가 됐다. 자신의 소식을 가족에게 전하고 가족 소식을 들을 수 있는 하나 남은 통로다. 상헌씨는 사촌 동생마저 자신을 떠나가는 것을 어떻게든 막고 싶어 했다. 사진을 찍고 시나리오를 쓰는 등 당장 돈이 되지 않는 일을 하는 그를 두고 사촌 동생은 사람 구실을 못 한다고 했다. 상헌씨는 "10년쯤 걸려야 사람 구실을 할 텐데 그때까지 비난하고 원망해도 좋으니 옆에 남아 있어달라"고 부탁했다.

상헌씨는 내가 만난 취약 계층 중 가장 재기 의지가 강한 사람이었다. 라면을 주식으로 삼으면서 몇 년 새 몸무게가 30킬로그램이나 불었다. 그는 어떻게든 버티기 위해 걷기로 했다. 다친 허리의 고통을 최소화하면서 할 수 있는 유일한 운동이었다. 그렇게 반년 새 12킬로그램을 뺐다.

한 달 10만 원에 불과한 식비로 균형 잡힌 식사를 할 수는 없다. 상헌씨는 여유가 생기면 무조건 식비에 쓰고 싶다고 말했다. 먹는 게 부실해지면 병증이 몸에 엉겨 붙는다는 사실을 실감했다. 퇴사하고 건강검진을 받은 적이 없지만 전반적으로 좋지 않다는 걸 온몸으로 느낀다.

먹고 싶은 음식이 무엇인지 물었더니 상헌씨는 가장 먼저 전

주식 백반 한 상을 먹고 싶다고 했다. "나물과 고기, 생선 등 음식 가짓수가 많은 상차림이요. 천천히 여러 음식을 맛보면서 탄수화물도 조금 먹을 수 있는 그런 밥상이요." 그는 수첩에 피자와 치킨, 떡볶이 등 먹고 싶은 음식을 잔뜩 적어놓고 건강이 우선이라는 생각을 계속 되새겼다.

단단했던 의지에 비해 성과는 미미했다. 사진 공모전을 열심히 준비했지만 입상하지 못했고 단편영화 배경음악 작업도 영화가 펀딩에 실패하면서 어그러졌다. 그는 하루 10시간씩 컴퓨터 앞에 앉아 비트 작업을 하느라 식사를 거르면서도 그나마 식비가 준 것을 다행이라 여겼다.

성과가 없으니 그를 바라보는 주위의 시선은 여전히 곱지 않다. '철이 덜 들었다' '아직도 정신을 못 차렸다'는 말이 끊이지 않는다. 그는 시나리오와 사진 작업을 할 때 각각 가명을 만들어 자신을 감추는 방법을 선택했다. 그래야 돈을 벌 수 있었다.

얼마 전 영상 편집을 할 줄 안다는 상헌씨의 이야기를 듣고 일자리를 알아봐주겠다는 사람이 나타났다. 상헌씨는 일자리를 기대하면서도 자신이 영상 편집 프로그램을 다루지 못한다는 사실을 걱정했다. 그가 내게 보여준 30초 남짓한 영상은 영상 편집을 위한 무료 앱으로 만든 것이었다. 영상 편집 효과를 하나 넣으면 광고가 떴고 광고를 본 뒤에야 다시 편집할 수 있었다. 그는 30초짜리 영상을 만들기 위해 앱에 뜨는 팝업 광고를 40번쯤 봤을 것이다. 문제는 영상 편집은 무료 앱이 아니라 컴퓨터 프로그램으로 하는 게 일반적이고 회사는 그런 프로그램을 전문적으로 다루는 사람을 찾는다는 점이다.

그래도 상헌씨는 기대했다. 백신 접종을 하지 않은 상헌씨에게 재택근무가 가능할지도 모른다는 답이 돌아온 이후부터다. 프리랜서든 계약직이든 일을 할 수 있다면 일을 주는 사람의 바짓가랑이라도 잡을 생각이다. 컴퓨터를 바꾸기 위해 가격도 알아봤다. 물가가 저렴한 대학동에선 5만 원에 컴퓨터를 한 달간 빌려 쓸 수 있다. 한 달 식비의 절반이지만 그 정도 각오는 되어 있다.

서울 대학동에 사는 최상헌 씨는 식사 사진으로 거의 매일 라면을 보내왔다. "너무 많이 먹으면 곤란하니까 하루 두 번 정도만 먹어요." 부산 출신인 그는 대학 졸업 후 직장을 잡아 서울로 왔다. 10년 간 다닌 회사에서 권고사직을 당한 뒤 공사장 등을 돌며 일했다. 한 동안 일이 없던 상헌씨는 빨리 돈을 모으고 싶어 물류 창고 일을 주야간으로 했다. 아팠던 허리가 더 안 좋아졌다. 일을 못 하게 된 그는 식비 지출을 최소화하는 삶을 살고 있다. 삽화 전진이

8월 5일 점심
김치가지볶음덮밥(무료급식)

8월 6일 아침
콩나물 김치라면

8월 7일 아침 겸 점심
진라면 매운맛 수프에 사리면

8월 7일 저녁
틈새라면 수프에 사리면

8월 8일 아침 겸 점심
틈새라면 수프에 사리면

8월 8일 저녁
편의점 도시락

최상헌 씨는 2021년 8월 5일부터 11일까지 일주일간 14끼를 먹었다. 이틀은 하루 한 끼를, 사흘은 하루 두 끼를 먹었다. 14번 식사 중 9번은 하얀 면발이 도드라지는 라면이었다. 나머지는 무료 도시락과 바나나, 2200원짜리 편의점 도시락이었다. 그는 라면을 더 많이, 더 저렴하게 먹기 위해 사리면을 활용한다. 라면을 한 개 반씩 두 차례 끓이면 분말 수프가 하나 남는다. 남은 분말 수프를 사리면과 함께 끓이면 라면 하나를 더 먹을 수 있다. 그가 먹는 라면에는 계란과 파가 없고 김치도 없다. 사진 최상헌

푸드뱅크와 바나나

"개인과 기업으로부터 식품과 생활용품 등을 후원받아 관내 저소득 가정에 무상 제공함으로써 식생활의 불균형 해소에 이바지한다."(푸드뱅크 설립 목적)

국내에서 푸드뱅크는 IMF 외환위기 때인 지난 1998년 1월 시작됐다. 그 무렵 무더기 실직과 자살, 가정 해체가 겹치면서 결식이 사회적 문제로 떠올랐다. 집에서 도시락을 싸 오지 못하거나 급식비가 없어 배를 곯는 아이들과 늘 허기진 노숙자가 곳곳에 있었다. 푸드뱅크는 음식을 기부받아 배고픔을 해결하자는 아이디어에서 출발했다. 개인이나 일반 음식점, 식품 관련 업체에서 기부받은 음식과 생필품을 취약 계층에 전달했다. 사회 안전망의 하나가 된 지금은 보건복지부 산하 한국사회복지협의회가 사업을 위탁받아 진행하고 있다. 전국 400곳, 서울 36곳에서 푸드뱅크가 운영된다.

25년 전 경제 위기를 배경으로 설립된 푸드뱅크의 목적은 여전히 유효하다. 단출하고 불균형한 식사로 끼니를 때우는 빈자들이 이곳에 온다. 2021년 7월 21일 방문한 서울 양천구 푸드뱅크 앞에도 줄이 늘어서 있었다. 이날 낮 최고 기온은 36도. 가만히 있어도 얼굴에 땀이 흘렀지만 줄 선 사람들은 더위를 견디고 있었다. 코로나19 예방을 위해 매장에는 동시에 서너 명만 입장이 가능했다. 나머지는 건물 로비에서 차례를 기다렸다. 머리가 희끗한 노인과 중년 여성이 많이 보였다. 그들은 식품을 담아 갈 가방과 바구니를 손에 꼭 쥐고 있었다.

"하루 평균 100명 가까이 오시는 것 같아요. 주변에 사는 임대아파트 주민이나 탈북자들이 많이 오세요." 푸드뱅크 담당자는 평일 낮에도 서너 명씩 대기하는 상황이 익숙한 것처럼 보였다. 당사자가 몸이 불편해 요양보호사가 대신 식품을 가지러 올 때가 있지만 대부분 직접 와 필요한 물품을 골라 간다고 했다.

푸드뱅크는 40제곱미터(12평) 크기였다. 커다란 냉장고와 냉동고가 벽면에 가지런히 붙어 있고 중앙에는 샴푸와 세제, 즉석 카레, 설탕, 쌀 등이 놓인 진열대가 있었다. 계산대에서 신용카드나 현금 대신 주민등록증을 내민다는 것을 빼면 동네의 작은 마트와 다를 바 없는 모습이었다. 이용자가 신분증을 제시하면 푸드뱅크 직원은 명단에 이름이 있는지 대조했다. 가난을 확인하는 절차로 명단에 이름이 있어야 식품을 받아 갈 수 있다.

시청과 구청은 6개월이나 1년 단위로 푸드뱅크 이용자를 교체한다. 이용자 간 형평성을 고려하기 위해서라는데 이용자들은 그 기준을 가늠하기 힘들다. 이용자 수가 한정된 탓에 저소득층이 많이 사는 지역일수록 푸드뱅크 이용권을 받기 어렵다.

쉰 살 한혜영 씨는 이날이 첫 방문이었다. 얼마 전 푸드뱅크 이용자로 선정됐다는 그는 녹색 바구니를 손에 들고 낯선 공간을 조심스레 살폈다. 냉동고에서 훈제오리와 닭고기 등을 유심히 들여다봤고 진열대에선 미트볼을 들었다가 곧바로 내려놓았다. 벽에는 '다섯 품목과 서비스 상품을 제공합니다'라는 안내가 붙어 있었다. 푸드뱅크라고 식품을 무한정 담을 수는 없는 것이다. 장보기를 마친 그의 바구니에는 관절에 바르는 파스와 팩 갈비탕, 진짬뽕, 강낭콩, 방울토마토, 크릴오일이 담겨 있었다. 할당된 수량보다 한 품목이 더 많았지만 푸드뱅크 직원은 말없이 물건을 봉투에 담아줬다. 괜스레 직원 눈을 피하는 혜영씨 모습이 나한테도 포착됐다.

"처음이라고 하셨는데 어떠셨어요?" 소감을 묻자 좀 다른 억양의 한국어가 들려왔다. 그는 조선족 남편과 함께 한국으로 귀화한 중국인이었다. 차상위계층으로 분류돼 푸드뱅크를 이용할 수 있게 됐다고 했다. 혜영씨는 웃는 낯으로 "이렇게 많이 주는 줄 몰랐어요"라고 말했다. "이럴 줄 몰랐어요. 그냥 간단히 세 가지쯤 고르는가 생각했는데…. 여기 신청해보라고 말해준 친구가 고마워요."

중학교 3학년 아들까지 세 식구가 사는 집에서 가장은 혜영씨다. 식당 일을 하던 남편은 코로나19가 유행하면서 실업자가 됐다. 혜영씨는 전동 드릴로 전자기기를 조립하는 작은 사업장에 다니지만 지금은 수입이 일정치 않다. 코로나19 유행으로 거래처에서 주문하는 일감이 줄면서 강제로 쉬어야 하는 날이 늘었다.

여느 엄마들처럼 혜영씨도 아들을 가장 먼저 생각한다. 학원을 딱 한 곳이라도 보내고 싶어 생활비를 아끼고 또 아낀다. 생활비를 아끼는 첫 번째 방법은 삼시 세끼를 모두 집에서 해결하는 것이다. 그렇게 먹으면 반찬은 김치와 채소로 만든 다른 밑반찬까지 두 가지일 때가 많다. 고기나 생선이 상에 오르는 날은 거의 없다. 가끔 남편이 좋아하는 돼지고기 장조림을 특식으로 먹는다. 그렇게 아끼면 한 달 30만 원으로 식비를 해결할 수 있다고 혜영씨는 말했다.

십대인 아들은 먹성이 좋다. 반찬 두어 개로 성이 차지 않는다. 아들은 또래 친구들처럼 치킨과 피자를 좋아한다. 그런 음식을 사주기에 혜영씨 지갑은 너무 얇다. 그래서 자주 아들을 타일러야 한다. "먹고 싶은 게 많은데 충족시키지 못해요. 그래서 그냥 '이런 상황이니 이해해야 한다'고 말해요. '먹고 싶은 거 다 먹을 수 있는 거 아니다, 누구나 다 그래' 하고 교육하는 거죠. (반찬투정은) 안 해요."

자식에게 먹는 걸 참아야 한다고 말하는 건 엄마에게 쉬운 일이 아니다. 혜영씨는 그래서 여러 아르바이트를 전전했다. 그렇게 가욋돈이 생기면 고기를 사 먹였다. 조금이라도 더 싼 고기를 찾아 정육점과 마트를 돌아다녔다. "식재료 싼 데를 알아보느라 스트레스를 받아요. 어떤 곳이 몇 시부터 세일하는지 찾느라고…."

정부가 소득 지원을 더 해주면 어디에 쓰겠느냐고 혜영씨에게 물었다. 그의 대답은 '아들 학원비로 쓰겠다'였다. 식비는 또 우선순위가 아니었다.

식생활 30점

푸드뱅크 인근 공공 임대아파트에서 대학생 아들과 단둘이 사는 예순 살 이오경 씨도 음식을 가장 먼저 포기한다. "늘 빠듯이 살아요. 돈이 적어도 있는 만큼 써야지 빚내 쓰면 안 되잖아요. 먹거리를 줄이는 게 제일 좋죠. 돈이 가장 많이 들어가니까. 거기서 아껴야지 달리 아낄 데가 없어요."

오경씨는 오랫동안 청소와 식당 일을 하며 아들을 키웠다. 고된 노동은 손목과 무릎, 허리를 성치 않게 만들었다. 갑상샘암 수술을 받은 뒤에는 목소리가 갈라졌다. 7년 전쯤 기초생활수급자가 됐다. 밥벌이하기 어려워진 2인 가정 앞으로 나오는 수급비는 한 달에 90만 원 안팎이다.

푸드뱅크는 식비를 절약하는 데 큰 도움이 됐다. 오경씨는 이곳 음식 중 냉동 오리고기를 제일 좋아한다. 6개월가량 푸드뱅크를 이용하는 동안 늘 오리고기를 가장 먼저 집었다. 같은 냉동식품이더라도 돼지고기보다 더 비싸고 귀하다. 자신은 고기보다 상추나 양배추 같은 채소를 더 좋아하지만 여기선 좀처럼 보기 어렵다. "채소는 내가 좋아하는데 비싸요. 고기보다 비싸서 질 좋은 것은 못 사 먹죠." 푸드뱅크에도 신선한 채소는 비치돼 있지 않았다.

오경씨와 대화한 건 입장 전 대기 줄에서였다. 차례대로 매장에 들어간 그는 장보기를 시작하기에 앞서 평소처럼 계산대에서 신분증을 제시했다. 직원이 신분증을 손에 들고 명단을 확인해보더니 고개를 저었다. "죄송한데 이번 하반기에 이용자 명단이 업데이트되면서 어머님께서 빠지셨어요." 구청이 명단을 교체한 것이다. 어쩌면 앞서 말한 대로 혜영씨가 새로운 이용자가 되면서 오경씨가 빠진 것일지도 모른다. 기부 물품이 절실한 저소득층이 양천구에 너무 많은 탓이다.

오경씨는 자신이 푸드뱅크를 이용할 수 없게 됐다는 사실을 미리 통보받지 못했다. 아무 예고 없이 잡초처럼 솎아내졌음을 알고 섭섭함을 감추지 못했다. "아니 그럼, 미리 말을 해줘야지. 더운데 헛걸음하게 하고…." 저녁 밥상에 올리려 했던 오리고기는 사라졌다. 담당 직원은 "명단에서 빠진 분들게 제대로 연락드리지 못한 것 같습니다"라며 고개를 숙였지만 오경씨를 도울 수 없었다. 이용자 선정은 구청의 일이다. 기부자와 이용자를 연결하는 푸드뱅크가 마음대로 그 결정을 바꿀 수 없다.

'이럴 줄 알았으면 애초에 인터뷰하자고 붙잡지 말 것을.' 인터뷰에 응한 오경씨에게 나는 미안했다. 힘없이 매장을 빠져나가는 그의 뒤를 따라가 다시 한 번 감사 인사를 전했다. 오경씨는 푸드뱅크 오는 길에 샀다는 바나나 송이에서 하나를 떼어 내게 건넸다. "더운 날 취재하느라 고생 많은데 이거라도 드세요." 과일을 자주 먹는다고 손사래를 쳤지만 그는 아들뻘 되는 내게 한 사코 바나나를 권했다. 서너 번 사양하다 무례일 것 같아 거절하지 못했다. 푸드뱅크 앞에서 오경씨에게 받은 바나나는 달고 진했다.

오경씨는 식사 사진 촬영을 누구보다 성실히 수행했다. 끼니마다 휴대폰으로 음식을 찍어 보냈다. 하루 두 끼를 먹는 그는 오전 11시를 전후해 '아점' 사진을, 오후 6시쯤 저녁 식사 사진을 보냈다. 한두 가지 반찬으로 구성된 그의 밥상을 보고 나면 마음이 내려앉았다. 라면과 떡, 장아찌 같은 변변찮은 음식들이 '복사+붙여넣기' 한 것처럼 반복됐다.

8월 5일 점심 사진에는 모닝빵 세 조각에 토마토 반 개가 보였다. 저녁엔 쑥떡 네 조각에 열무김치를 찍은 사진이 왔다. 다음 날 점심도 쑥떡 세 조각에 열무김치, 저녁은 만두와 고추장아찌였다. 고기나 찌개처럼 요리라고 부를 만한 것은 도무지 보이지 않았다. 그날 푸드뱅크에서 오리고기를 받아왔으면 밥상 사진이 달라졌을까. 아쉬운 마음은 오경씨가 더 컸을 것이다.

사진에 찍힌 식사 내용이 너무 부실해서 혹시 따로 먹는 게 있는 건가 의문이 들었다. 간식을 포함해 하루에 먹는 모든 음식을 사진으로 찍어달라고 다시 부탁했다. 그 뒤 믹스커피 한 잔이나 생오이, 바나나 반 개 등이 하루 한 번씩 추가로 등장했다.

그가 보내온 18끼 식사 사진 가운데 밖에서 사 먹은 음식은 딱 하나, 뼈해장국이었다. "머리가 아파서 아점으로 뼈해장국을 먹었어요." 누가 묻지 않았지만 오경씨는 변명하듯 외식한 이유를 설명했다. 집 밖에서 파는 음식은 그에게 이유가 분명해야 먹을 수 있는 것이었다.

오경씨가 사진을 보내오는 시간은 내가 밥을 먹는 시간과 비슷했다. 그의 단출한 밥상을 확인하는 시간, 앞에 마주한 음식이 사치스럽게 느껴졌다. 서울 서여의도 식당가의 밥과 임대아파트 수급자의 밥 사이에는 헤아리기 힘든 간극이 있었다.

빈곤한 식탁은 몸을 상하게 할 뿐 아니라 정신 건강에도 부정적 영향을 주는 것 같았다. 사진을 꾸준히 보내오던 오경씨는 어느 날 "입맛도 없고 따스한 음식도 싫어졌어요"라고 뜬금없는 메시지를 남겼다. 그날 그는 아점으로 단팥빵과 삶은 계란을, 저녁으로 떡과 보리차를 먹었다.

오경씨의 식사 사진 18장은 서울대 식품영양학과 윤지현 교수에게 보내졌다. 윤교수는 무료 급식 등을 지원받는 사람의 식사보다 혼자 집에서 식사를 해결하는 그의 식사가 더 건강에 위험하다고 했다. "칼로리도 다양성도 너무 낮아요. 외부에서 무료 급식이나 도시락 지원을 받는 것도 없다 보니 질과 양 모두 형편없게 된 거죠. 일주일에 한두 번이라도 (복지관 등의) 지원을 받아 식사하는 분들은 평균 열량과 영양소 개수가 확 뛰는데 이분은…." 윤교수가 평가한 오경씨의 식생활 점수는 100점 만점에 30점이 채 되지 않았다. 분석 대상 중 가장 낮은 점수였다.

이오경 씨는 장을 보러 갈 때 딱 3만 원만 손에 쥐고 간다고 했다. 그의 일주일 식사도 영양학적으로 낙제점을 받았다. 영양 분석 결과에 따르면 오경씨는 15종류 영양소의 섭취가 부족했다. 반찬은 김치를 포함해 두 가지일 때가 많았고 반찬 하나만 놓고 밥을 먹은 날도 있었다. 고추·방풍나물 장아찌는 6번 반복해 식탁에 올라왔다. 사진 19장 가운데 떡이나 빵이 있는 경우가 7장이었다. 사진 이오경

청년들의 몸테크

집값이 치솟자 '몸테크'라는 신조어가 등장했다. 몸과 재테크를 합친 이 단어는 낡은 주택에서 살면서 재개발과 재건축으로 집값이 오르기를 기대하며 불편함을 감수하는 것을 말한다. 몸테크를 하기로 했다면 벽에 핀 곰팡이가 코와 입을 거쳐 기도를 타고 넘어가고 겨울철 수도관이 얼어 찬물로 세수하는 일쯤은 버텨야 한다. 그렇게 몸을 축내다 보면 언젠가 수억 원 차익을 볼 수 있을지 모른다.

우리가 만났던 청년들은 약간 다른 방식의 몸테크를 했다. 덜 먹거나 싼 음식을 먹는 식으로 돈을 아꼈다. 그들의 몸테크는 취업하고 돈을 벌 기회를 잡기 위한 것이었다. 그 방식은 유일한 자산인 몸을 갉아먹었다. 수억 원 차익을 실현할지는 알 수 없다.

2021년 7월 스물두 살 윤영석 씨는 여름방학을 맞아 영어학원에서 아르바이트를 하는 중이었다. 일주일에 닷새, 아침 9시에 나와 오후 5시 30분까지 근무했으니 아르바이트보다는 직장이라는 표현이 더 어울렸다. 시급은 1만 2000원. 휴식 시간 30분을 제외하고 하루 8시간 근무하면 월 192만 원이 통장에 들어왔다.

식비 30만 원, 기숙사비 20만 원, 교통비 10만 원, 통신료와 보험료 10만 원. 월 고정비 70만 원을 월급에서 빼면 122만 원이 남는다. 영석씨는 여름방학과 겨울방학 다섯 달 동안 매달 122만 원을 차곡차곡 통장에 쌓아나갔다. 그래야 학기 중에 공부에 집중할 수 있었다.

영석씨는 전남 나주에서 공부깨나 하는 학생이었다. 4년 전액 장학금을 받고 서울 한 대학에 진학했다. 그는 회계사가 되고 싶다고 했다. 공인회계사(CPA) 시험 합격까지 얼마나 걸릴지 모르지만 비용은 모두 스스로 감당해야 한다.

CPA는 비싼 자격증이다. 6개월짜리 인터넷 강의를 듣는 데 200만 원이 들고 수험서 한 권 가격이 5만 원을 넘나든다. 기본교재 말고도 부교재가 필요하고 1차와 2차 시험을 모두 준비하려면 수십 권을 사야 한다. 영석씨가 공부를 시작한 초기엔 한 달에 책값만 15만~20만 원이 들어갔다.

그는 법학전문대학원(로스쿨) 진학에도 관심이 있지만 학비가 너무 비싸 엄두를 내지 못한다. 정의당이 공개한 자료에 따르면 2021년 전국 로스쿨 1년 평균 등록금은 1425만 2000원이다. 3년간 로스쿨을 다니려면 등록금 4275만 6000원이 필요하다. 서울에 있는 로스쿨에 진학한다면 집을 구하고 월세를 내야 한다. 상경하고 3년간 일하고 아껴 2000만 원을 저축했지만 로스쿨에 들어가기에는 턱없이 부족한 돈이다. 그 돈이 사라지기 전 CPA에 합격해 회계법인에서 일하며 또 돈을 모아야 한다. 그래야 로스쿨에 들어갈 수 있다.

영석씨는 예산이 빠듯할 때면 학기 중에도 일했다. 학교 수업이 끝나고 영어학원에 나가 저녁반 아이들을 가르쳤다. 그렇게 매달 70만 원을 벌어 생활을 유지하기 위한 최소한의 금액을 만들었다.

2020년은 특히 더 바빴다. 학교에 가는 평일에는 저녁에 학원 아르바이트를, 주말에는 과외를 했다. 식사할 시간조차 나지 않아 하루 종일 김밥 한 줄로 버티는 날도 있었다. 학교에서 파는 1000원짜리 김밥은 안에 든 게 별로 없었다. "새끼손톱만큼 참치가 들어 있어요." 영석씨는 손가락 끝을 모으며 눈을 찡그렸다. 그리고 굵은 단무지 하나가 김밥 속 재료의 전부였다. 그마저도 시간 여유가 있을 때 먹을 수 있었다.

"어머니가 아프셔서 일을 못 하셨거든요. 무리해서 일을 늘렸던 때예요. 그때는 밥이 1순위가 아니라 생계가 1순위였어요." 홀어머니 아래서 자란 영석씨는 남에게 기대지 않고 스스로 서는 법을 먼저 배웠다.

저녁 아르바이트를 마치고 기숙사에 오면 저녁 8시가 훌쩍 넘었다. 기숙사에서 주는 무료 급식은 이미 종료된 시간. 식사를 챙기기보다 곧바로 자는 쪽을 택했다. 늘 피곤해서 무언가 먹고 싶다는 생각이 사라진 지 오래였다. 저녁을 먹지 않고 자는 생활을 계속하니 두세 달 만에 몸무게가 7킬로그램이나 빠졌다. 173센티미터에 64킬로그램이었던 그는 몸무게가 50킬로그램대까지 내려갔다.

영석씨에게서도 일주일간 식사 사진을 받았다. 사진 15장 중 8장에 5000원짜리 도시락, 2장에 각각 2500원과 2800원인 편의점 샌드위치가 찍혀 있었다. 가장 비싼 식사는 KFC의 6600원짜리 버거 세트였다. 그는 한 끼 식사에 쓸 수 있는 한도를 스스로 설정했다. "한 끼에 7000원까지 쓸 수 있어요. 그럴 때는 주로 돈가스를 사 먹어요." 1시간 일해 1만 2000원을 벌지만 식비에는 인색했다.

일주일간 아침 식사는 두 번 했다. 아침 메뉴는 팩 미숫가루와 과자류인 몽쉘, 편의점 빵 등이었다. 저녁 식사는 2020년에 비해 잘 챙겨 먹는 편이지만 여전히 거를 때가 있다. "저녁을 사 먹으면 1만 원, 2만 원이 드니까 부담이 제일 큰 것 같아요." 그는 CPA 시험에 합격한 뒤에야 밥값을 신경 쓰지 않고 식사할 수 있을 것 같다.

부실한 식사에 젊은 몸도 당해내지 못했다. 영석씨는 오후 4시만 되어도 피곤함을 느낀다고 했다. 건강을 위해 먹기 시작한 비타민 C 영양제도 밀려오는 피곤 앞에서는 무용지물이다. 그럴 때 그는 카페인이 잔뜩 든 에너지 드링크를 마신다. 일주일에 두세 번씩 에너지 드링크를 찾게 된다.

영석씨는 가족에게 의지하는 법을 모른다. 집에서 벌이가 있는 사람은 어머니뿐이고 누나는 아르바이트로 버는 돈을 모두 본인을 위해 쓴다. 그는 어머니에게 금전적 지원을 받는 게 오히려 불편하다. 자신이 번 돈을 시골집에 보내는 게 익숙하다. 영석씨는 아르바이트를 병행하며 공부한다는 사실도, 살이 빠졌다는 사실도 어머니에게 말하지 않는다.

명문대를 졸업한 스물아홉 살 신기윤 씨도 로스쿨 진학을 준비 중이다. 로스쿨 학비가 부담되지 않느냐는 질문에 그는 "가정 형편이 좋지 않아 다행"이라고 답했다. 자신과 같은 기초생활수급자는 로스쿨 학비를 직접 부담하지 않아도 된다는 것이다. "못 살려면 아예 못살아야 지원을 받습니다." 정부는 2016년부터 학생들에게 기초생활수급자부터 소득 3분위까지 로스쿨 등록금 전액을 지원하고 있다.

"입학만 하면 마이너스 통장을 3000만 원까지 당길 수 있대요. 생활비 대출도 가능하다고 하더라고요. 빚내서 공부해 변호사 시험에 합격한 뒤 (빚을) 갚아나가라는 말이죠."

빚을 양껏 낼 수 있기 전까지는 조금씩 몸을 갉아먹어야 한다. 그가 다닌 대학에는 1000원짜리 '학식'이 있다. 밥과 국, 세 가지 반찬으로 구성된 백반 한 상이 외부인에게는 3000원에, 재학생에게는 1000원에 제공된다. 4500원짜리 학식도 있다. 돈까스 김치나베나 오리주물럭 등이 그렇다. 1000원짜리 학식보다 맛도 좋고 영양가도 높다. 캠퍼스 한복판에서 그는 둘을 놓고 고민했다. 결과는 이성이 욕구를 이길 때가 많았다. "4000원짜리 먹고 싶지만 1000원짜리를 선택하게 됩니다. 밥이 없어서 못 먹지는 않아요. 근데 뭔가 먹으려고 할 때마다 아껴야겠다는 생각이 들죠."

식비에 대한 부담은 자존심도 갉아먹는다. 학식을 먹다가 질린 친구들이 음식을 배달시켜 먹자고 할 때마다 부담되지만 내색할 수 없었다. 친구들은 든든히 밥을 먹어야 공부할 수 있다며 9000원짜리 설렁탕을 먹자고 했다. 무더운 여름에는 한 그릇에 1만 원이 넘는 냉면을 먹자고 할 때도 잦다. 배달비까지 생각하면 기윤씨 마음은 더 무거워진다. 한 끼에 1만 원 안팎인 식사가 부담스럽지만 그는 차마 돈이 없어 따로 밥을 먹겠다고 말하지 못한다.

기윤씨는 카페도 좀처럼 가지 않았다. 한 잔에 4000원 넘는 음료를 굳이 마실 필요가 있을까 생각해서다. 세 과목을 5시간 동안 치르는 법학적성시험(LEET)은 과목 사이에 30분씩 쉴 수 있다. 응시생들은 쉬는 시간에 카페나 편의점에서 커피나 음료를 사 와 목을 축였다. 집에서 탄 커피를 챙겨 간 기윤씨는 유독 그날 '나도 돈 좀 많았으면 좋겠다'는 생각이 들었다고 했다.

로스쿨 시험을 준비하는 데도 돈이 많이 들어간다. LEET 인터넷 강의를 들으려면 100만 원이 넘게 든다. 그는 스터디룸을 대여해 다른 수험생과 함께 인터넷 강의를 듣는 방법을 택했다. 100만 원짜리 강의를 4명이 한 공간에서 함께 들으면 각자 25만 원씩 부담하면 됐다.

물론 스터디룸 대여 비용은 별도다. 시간당 2000원인 저렴한 스터디룸을 찾아서 2시간 동안 강의를 듣고 1시간 동안 토의를 했다. 3시간에 6000원을 냈다. 1000원짜리 학식을 6번 먹을 수 있는 돈이다. 어쩌다 다른 스터디 구성원과 저녁이라도 먹는 날이면 2만 원이 추가로 나갔다.

그렇게 공부하다 보면 돈을 더 아껴야겠다는 생각이 들었다. 기윤씨는 평소 먹던 음식보다 더 싼 음식을 찾기 시작했다. 국산 대신 수입산 식재료를, 편의점 대신 재래시장을 선택했다. 혼자 사는 기윤씨에게는 편의점에서 파는 소분된 재료들이 적당량이지만 재래시장은 그런 상황을 고려해주지 않았다. 소쿠리에 담긴 5000원어치 과일을 사 왔는데 다 먹지 못하고 버리는 일이 생겼다. 그러면서 자연히 과일을 사는 날이 줄어들었다. 생닭도 한 마리에 4000원, 세 마리에 1만 원 하는 걸 보고 세 마리를 사 와 냉동실에 넣었지만 날짜가 지나 상태가 안 좋아져 결국 먹지 못했다. 한 번에 많이 사 저렴하게 식사하는 방법은 기윤씨에게 맞지 않았다.

오랫동안 보관해도 상하지 않는 김과 쌀, 라면은 인터넷에서 제일 저렴한 제품을 찾았다. 온라인 최저가도 그에게는 충분히 저렴하지 않았다. 더 싸게 물건을 사는 방법이 있었다. 인터넷 커뮤니티에서 대리 구매를 해주는 사람들을 찾았다. 카드 실적과 포인트 적립 등을 위해 대신 물건을 구매해주는 사람들은 온라인 최저가보다 10~15퍼센트 더 저렴한 값에 물건을 넘겼다. 물건을 고르고 돈을 보내면 결제를 증명하는 영수증을 받았고 며칠이 지나면 물건이 왔다. 이런 거래의 맹점은 물건이 손에 들어오기 전까지 정말 보내줄지 알 수 없다는 것이다. 기윤씨도 돈을 보내고 물건을 받지 못한 적이 있다.

그렇게 해서 아끼는 돈은 몇 천 원. 기윤씨는 사기당할 위험을 감수하고 대리 구매를 할 수밖에 없다. "항상 거래하기 전에 '더치트'라는 사이트에 들어가 전화번호를 검색해봐요. 혹시 사기 전적이 있는 사람이 아닐까 싶어서. 어떻게 싸게 먹을 수 있을지 생각하는 게 구질구질하지만 어쩔 수 없죠. 여자친구를 만나 데이트하면서 '돈 없어서 데이트 못 해'라고 말하는 것보단 나아요."

기윤씨의 주 수입원은 대출이다. 홀어머니 슬하에서 자란 그는 학교를 다니며 매 학기 150만 원씩 생활비 대출을 받았다. 졸업하고 서민금융 상품인 햇살론으로 500만 원을 또 대출받아 로스쿨 준비를 시작했다. 나중에 변호사가 돼 돈을 벌어도 일단 1700만 원을 갚은 뒤에야 진짜 자기 돈이 생긴다.

그는 가끔 대출이 무섭다는 생각을 한다. "당장 500만 원을 구할 길이 없고 지금 안정적인 직장에 취업하기 어려울 것 같고. 기간제 교사를 하려고 70~80곳에 지원서를 냈는데 다 떨어졌어요. 그것도 한 곳만 면접까지 갔고 나머지는 다 서류 심사에서 탈락했어요. 로스쿨을 준비하려면 대출 말고는 방법이 없었어요."

그는 인터뷰하는 동안 습관처럼 '돈이 아깝다'는 말을 했다. 카페에 가서 4000원을 내고 커피를 마시는 것도, 시간당 2000원인 스터디카페에 가서 로스쿨 진학 준비를 하는 것도, 9000원짜리 계란 한 판을 사는 것도 아깝다고 했다. 몸과 마음에 대한 아까움은 얘기하지 않았다. 그는 자신의 몸테크가 성공하기만을 기도하는 것처럼 보였다.

대학생 윤영석 씨는 학교 수업과 학원 아르바이트를 병행하면서 몸무게가 71킬로그램에서 64킬로그램으로 줄었다. 그는 평소 1000원짜리 김밥 한 줄이나 빵 한 개로 식사를 해결하는 일이 잦다. 식생활을 고치고 단백질도 더 많이 먹어야 한다고 생각하면서도 학비와 기숙사비를 먼저 챙기다 보니 음식에 돈을 쓰는 걸 주저하게 된다. 그가 보내온 식사 사진 15장 가운데 8장은 5000원짜리 식당 도시락의 모습이었고 2장은 각각 2500원과 2800원짜리 편의점 샌드위치였다. 가장 비싼 식사는 햄버거 프랜차이즈 KFC의 6600원짜리 버거 세트였다. 사진 윤영석

경기도 한 도시에 사는 스물두 살 대학생 이현영 씨는 요즘 하루 두 끼만 먹는다. 방학을 이용해 단기 알바를 하는데 일하는 곳에서 식사 지원을 해주지 않는다. 돈을 아끼기 위해 아침과 저녁을 집에서 먹고 점심은 거르는 경우가 많다. 현영씨는 이날 식사로 콩나물국, 멸치볶음, 고구마순김치, 깻잎장아찌, 김을 먹었다. 사진 최현규

2부

병원비에 밀리는 식비

아파서 못 먹고, 못 먹어서 아프고

경남의 한 도시엔 마흔두 살 오민정 씨가 사는 원룸이 있다. 민정씨는 하루 대부분을 방 안에서 보낸다. 보증금 100만 원에 월세 23만 원을 내는 방은 그의 손이 닿는 세상의 절대치다. 산꼭대기에 있어도 대학병원에서 가깝다.

"1차 병원과 2차 병원은 내 몸에 손을 댈 수가 없어요. 종합병원이 아니면 안 돼요."

방은 무엇이든 작다. 주방엔 작은 싱크대와 작은 냉장고가 있다. 이사 올 때 친구가 주고 간 작은 전자레인지도 있다. 민정씨를 소개한 경남의 한 사회복지관은 그를 세 가지 키워드로 요약했다. 독거, 수급자, 질병.

휴대폰 번호를 저장하자 카카오톡은 민정씨를 새로 등록한 친구로 인식했다. 프로필 사진 속 민정씨는 긴 머리에 청록색 니트를 입고 있었다. 지금껏 그 누구에게도 물어본 적 없던 밥상머리 사정을 캐묻기 위해 새로운 친구에게 전화를 걸었다.

질병이 찾아온 건 5년 전이었다.

"변이형 협심증이라고, 심장약을 먹지 않으면 발작이나 흉통이 오는 병이에요. 신경이 쪼그라들면서 온몸에 극한의 고통이 와요."

이것은 시작에 불과했다. 한번 터진 병은 다른 병들을 줄줄이 불러왔다. 폐 쪽이 망가지는 것 같더니 갑자기 패혈증으로 번졌다. 폐 손상을 입었을 때 생긴 세균이 혈액으로 흘러 들어가 전신에 염증을 일으켰다. 왜 이런 일이 동시다발적으로 벌어지는지 민정씨는 알지 못한다. 급성 췌장염과 허리 디스크, 류머티즘 관절염, 저혈당, 저혈압이 한꺼번에 몰려온 이유는 더더욱 모른다.

'패혈증'을 '폐혈증'으로 알아듣는 내게 민정씨는 설명했다.

"이게 장기 하나가 망가지니까 다른 장기들까지 영향을 받더라고요. 나만 그런 줄 알았는데 병원 생활을 하는 동안 입원한 환자들을 보니 거의 다 그렇더라고요. 어떤 분은 신장이 망가졌는데 나중에 폐도 안 좋아지고 끝내는 심장까지 안 좋아지더라고요."

아프기 진 민징씨는 "그냥 뭐 상담하는" 일을 했다고 한다. 투병한 지 5년이 된 민정씨는 환자가 아니라 의사처럼 말했다. 시간이 지나도 변하지 않는 것이 있다는 걸 민정씨는 알았다.

"항상 느끼는 건데 고통에는 짬이 안 생겨요. 그냥 아플 땐 무조건 아파요."

병은 몸에서 마음으로 옮겨갔다. 수면 장애와 공황 장애, 우울증, 대인 기피증이 찾아왔다. 가뜩이나 많은 치료 약 목록에 정신과 약이 추가됐다.

"아픈 걸 스스로 받아들여야 하는데 그게 안 되니까 미치겠더라고요."

한때는 죽을 날만 기다리는 사람처럼 살았다. 2년 전 실제로 그날이 찾아왔다.

"심장마비가 왔었어요. 근데 집중치료실에서 나를 살려놨어요. 그 무렵 아프다고 계속 근심해봤자 소용없다는 생각이 들더라고요. 지금은 그래도 현실을 받아들이고 내 나름대로 씩씩하게 살고 있어요."

산꼭대기 원룸 건물에 사는 이들 중에 제 집 앞을 쓸고 닦는 사람은 민정씨뿐이다. 불편한 몸으로 빗자루를 든 그에게 집주인은 "여기 사는 사람 중 제일 정상인"이라고 했다.

그들은 스스로를 탓한다

살다 보면 이유가 필요할 때가 있다. 민정씨에게도 이유가 필요했다. "내가 봤을 때는 건강관리를 못 한 탓인 것 같아요. 일만 하느라 무리했죠. 제때 식사하지 않고 못 자고 못 쉬고 그랬어요." 그래도 속은 풀리지 않았다. "유전 질환도 좀 있을 거고요. 알아보니까 외가 쪽 식구들이 거의 다 심장 질환으로 돌아가셨더라고요." 민정씨는 가족들과 인연을 끊은 상태라고 했다. "원래 가족들하고 관계가 좋지 않았어요. 어릴 적부터."

서울 대학동에 사는 쉰네 살 이승수 씨는 이유를 안다고 확신

한다. 소나기가 내리던 여름날 대학동 언덕의 한 골목길에서 승수씨를 만났다. "혼자 살면서 자기 관리가 부족했던 것 같아요. 술과 고기를 즐기고 콜라와 아이스크림 같은 것들을 많이 먹는데도 운동을 거의 안 했어요. 진작 당뇨인 줄 알았더라면 이렇게 안 살았을 텐데."

승수씨가 대학동에 온 건 10년 전 마흔네 살 때였다. "강남에 있는 부동산 회사를 다녔는데 회사가 부도났어요. 그땐 역삼동 회사 근처에 살았어요. 이런 곳이 있는 줄도 몰랐는데 누가 여기로 데려와줬죠. 그때부터 쭉 여기서 혼자 살았어요."

부동산 회사에 다니기 전엔 역삼동 강남파이낸스센터에 입주한 보험 회사에서 일했다. 승수씨는 자신의 가난을 설명할 줄 알았다. 그것은 보험을 파는 것과 비교하면 쉬운 일이었다. 승수씨는 질병과 생명의 위험으로부터 가족의 행복을 보장하는 보험을 팔았다. 정작 그는 아무것도 보장받지 못했다. 윗사람들이 회사를 잘못 사고팔았고 승수씨의 보험 회사도 팔려나갔다. 그는 짐을 싸 회사를 나와야 했다. 방값이 싼 대학동에 자리를 잡고 10년 넘게 떠나지 못하고 있다. 그가 마지막으로 뛰어든 일은 인테리어 일이었다고 한다. 빌린 돈을 갚던 중에 당뇨가 왔다. 그러면서 모든 것이 중단됐다. "재기하려고 많이 노력했지만 병 때문에 더할 수 없었어요." 그의 지갑엔 폐업한 회사들의 명함이 가득했다.

이들의 한 달은 덧셈과 뺄셈이다. 매달 말일 기초생활수급비가 들어오는 찰나의 덧셈이 끝나면 뺄셈이 연속된다. 민정씨의 산식은 그리 어렵지 않았다. "매달 65만 원 정도 들어오면 월세 23만 원 내고 전기세와 수도세 내고 나머지는 모아놔요. 병원비 중에 비급여 항목도 많거든요." 승수씨는 방세를 포함해 수급비 85만 원을 받는다. 33만 원을 떼어 고시원에 송금한다. "당뇨가 생기기 전에는 수급비가 70만~80만 원 정도 됐어요. 방세 내고 전기세와 수도세, 인터넷 비용 다 내고 남은 돈을 생활비로 쓰죠."

이들에게서 빠져나가는 건 돈만이 아니다. 체중과 기력도 빠져나간다. 승수씨는 88킬로그램이던 몸무게가 반년 새 71킬로그램으로 줄었다. 제 몸조차 가누기 힘든 민정씨는 2년 넘게 친구를 만나지 못하고 집에만 있었다. "병원 가면서도 픽 쓰러져서 위험한 적이 몇 번 있었거든요. 병원에 다니는 것 말고는 거의 외출하지 않아요."

이들의 사칙연산에 곱셈과 나눗셈은 없다. 갖고 있다는 이유로 가격이 오르고 이자가 붙는 물건을 가져본 기억이 없다. 그나마 자산을 꼽자면 월세 보증금이 있다. 그것에는 이자가 붙지 않는다. 복리의 마법도 없다.

밥이 먼저냐, 약이 먼저냐

재래시장은 매일 박스를 찢어 매직으로 새로운 가격을 써 붙인다. 승수씨는 매달 같은 돈을 들고 시장에 간다. 고기는 못 사도 생선은 한 달에 한 번이라도 사다 먹으려 한다. 상추를 씻고 양파를 구워 밥상에 올린다. 과일도 사서 먹는다. 참외나 방울토마토 같은 것을 산다. 아침엔 우유와 방울토마토를 꼭 먹는다. 유튜브에서 알려준 당뇨에 좋은 식단이다. "드시면 몸에 좋아요. 나중에 후회하지 말고 먹어요." 의사는 유튜브보다 훨씬 멀리 있었다. 유튜브를 좀 더 일찍 봤다면 당뇨에 걸리지 않았을 것이라고 승수 씨는 생각한다.

2021년 10월 왼쪽 다리에 자꾸만 쥐가 났을 때 그는 의사를 찾았다. "병원에서 큰일 났다고, 왼쪽 다리 신경이 손상됐는데 당뇨를 잡지 못하면 큰일 난다고 하더라고요." 이제 그는 조그만 밥솥에 콩밥과 현미밥을 짓는다. 그가 사는 고시원엔 공용 주방이 있어 프라이팬에 양파와 대파를 볶고 계란프라이도 해 먹는다. 당뇨에 좋은 식단은 유튜브에 다 있다. "'당뇨'라고 쳐보면 다 나와요."

민정씨는 다른 사람들이 어떻게 사는지 모른다. 어떤 식으로 돈을 쓰는지는 더욱 모른다. 민정씨는 세 가지 반찬을 일주일에 걸쳐 나눠 먹는다. 매주 목요일 복지관에서 플라스틱 용기에 반찬거리를 담아 현관 앞에 놓고 간다. "일주일 내내 반찬 세 가지를 두고 오늘 한 끼, 내일 두 끼 이런 식으로 아껴 먹어요. 물릴 때도 있고 먹기 싫을 때도 있어요. 그렇다고 안 먹을 수는 없잖아요. 먹어야 살죠."

하루 세 번 민정씨는 식사 사진을 스마트폰으로 찍어 보내줬다. 2021년 8월 2일 아침 식사 사진엔 깍두기와 콩자반, 닭조림이 담겨 있었다. 플라스틱통에 담긴 반찬들이 영어 필기체로 'Be My Valentine'이라 적힌 흰색 테이블 위에 올려 있었다. 플라스틱통은 아침엔 세로로, 저녁엔 가로로 놓여 있었다. 젓가락을 테이블에 가지런히 올려놓았는데 이따금 흰 휴지 위에 올려놓은 날도 있었다. 8월 5일 점심 똑같은 반찬을 올렸을 때 그 양이 눈에 띄게 줄어 있었다.

줄어든 깍두기와 콩자반, 닭조림은 민정씨가 사흘간 얼마나 먹었는지 보여주는 가늠자였다. 8월 6일 아침 깻잎무침과 오이소박이, 어묵볶음이 테이블에 올랐다. 그날 저녁 사진엔 깻잎무침과 깍두기, 콩자반이 보였다. 다 먹은 닭조림을 빼면 남은 반찬은 다섯 가지이지만 민정씨는 반찬을 세 가지만 올려놓고 먹었다. "반복될 때도 솔직히 있죠. 예를 들어 무말랭이가 나온 지 얼마 안 돼 또 나온 거예요. 어르신들이 먹기에는 좀 양념이 강하고 자극적인 음식들도 제법 나오거든요. 골고루 챙겨주지만 솔직히 한계는 있죠."

한번은 복지관에서 과일이 왔다. 초복이 오기 전이었다. 종이컵에 과일을 한 조각씩 소분해 담아 보내준 기억이 생생하다.

"그때 과일을 처음 먹어봤어요."

"그게 언제였죠?"

"언제였냐고요? 한 5년쯤 된 것 같은데…."

민정씨가 식사 사진을 보내준 닷새 동안 나는 외식을 여섯 번,

배달 음식과 집밥으로 각각 두 끼를 먹었다. 삼겹살과 제육볶음과 김치찌개, 부대찌개, 치킨 등을 먹었고 내장 지방을 빼기 위해 주말에 헬스장에 갔다.

돈에 대해 승수씨는 목소리를 낼 줄 안다. 뉴스와 유튜브를 본 덕분이다. "우리나라 수급자 제도를 보고 복지국가가 다 됐다고 하는데, 생계급여와 주거급여를 전체적으로 한 50퍼센트 정도 올리면 좋겠어요. 한 친구가 다치면서 기초생활수급자가 돼 돈을 받는데 그 얘기를 하더라고요. 50만 원에서 75만 원으로 올려주면 숨통이 좀 트일 것 같다고. 지금 수급비는 정말 주는 것도 안 주는 것도 아닌 수준이라고요. 국회의원 연봉이 한 1억 원 되잖아요. 우리나라 기초생활수급자와 차상위계층이 300만 명 정도 되거든요. 수급비를 전체적으로 50퍼센트 올리면 국가 예산이 좀 들겠지만 대한민국이 진짜 선진국이 되려면 그렇게 해야 하지 않니 생각해요."

대한민국 일인당 국민소득이 3만 달러를 넘지 않던 2018년 말 기준 기초생활보장제도 수급자는 모두 174만 3690명이었다. 생계가 곤란한 저소득층에게 생계·의료·주거·교육 문제를 해결할 돈을 주거나 현물을 지원하는 제도다. 2년이 흐른 2020년 말 수급자 수는 213만 4186명으로 늘었다. UN 산하에 있는 국제연합 무역개발협의회(UNCTAD)는 다음 해 7월 대한민국에 선진국 지위를 부여했다. 중진국에서 선진국으로 넘어간 대한민국에선 수급자가 늘고 있다. 2010년 155만 명에서 2014년 132만 명까지 줄었다가 2015년 164만 명으로 급증한 뒤 꾸준히 증가하고 있다.

이 숫자로 민정씨나 승수씨 같은 이들이 늘고 주는 추이를 가늠하기는 어렵다. 기준이 매년 바뀌기 때문이다. 2021년 1인 가구의 생계급여 선정 기준은 월 54만 8349원이다. 이보다 적은 소득이 있으면 그걸 빼고 준다. 가령 수입이 0원이라면 54만 8349원 전액을 받고 수입이 30만 원이라면 24만 8349원을 받는다. 2022년엔 이 금액이 58만 3444원으로 올랐다. 전년까지 54만 8350원을 벌어 생계급여 대상에서 제외된 사람은 이제 같은 소득에서 생계급여비 3만 5094원을 받을 수 있다.

이런 계산은 민정씨에겐 어렵고 무의미할 뿐이다. 근로 능력을 따지기 전에 하루하루 살아나가는 것이 전쟁인 그는 하나만 기억하면 된다. 의료보험 혜택이 적용되지 않는 검사나 치료에 쓸 여윳돈을 항상 갖고 있어야 한다는 점이다. 의료급여 1종인 그에겐 건강보험의 부담금이 0원이다. "그런데 가끔가다 보험이 적용되지 않는 비급여 검사들이 있거든요. 그럴 때는 내가 개별적으로 돈을 내야 해요. 5만 원, 10만 원이라도 수중에 들고 있으려면 생계비를 쪼개 써야 하고 그래서 아예 식비 쪽은 생각도 못 하는 거예요."

과일을 좋아하는 민정씨는 제철 과일을 먹고 싶다. 제철 음식도 먹고 싶다. "근데 참는 거죠. 아니, 못 먹는 거죠. 수급비로 생활을 유지하기도 빠듯해 아끼다 보니 식비에 쓰거나 장 볼 겨를

이 없어요." 어떤 날은 짜장면이 진짜 먹고 싶을 때가 있다. 물가가 너무 올라 뭘 사 먹기도 무섭지만 수박을 한 번 먹고 싶다. 참외도 좋고 멜론도 좋고 자두와 복숭아도 감지덕지다. "아무리 우리가 취약 계층이라고 해도 그런 소소한 즐거움을 누리면 삶의 질이 좀 나아지지 않을까 싶어요. 관심을 가져주신 게 감사해 인터뷰에 응한 거거든요. 나와 비슷한 환경에 있는 분, 혹은 형편이 어려운 분도 많을 거예요. 연세가 있어 더할 나위 없이 힘든 분도 많을 거고요. 그런 분들의 생활이 조금이나마 나아졌으면 좋겠어요." 취재에 협조한 민정씨에게도 편의점 기프티콘 3만 원을 보냈다. 그것으로 무엇을 샀는지는 묻지 못했다.

경남 한 소도시에 사는 오민정 씨는 5년 전 심장 혈관에 경련이 발생하는 '변이형 협심증' 진단을 받으면서 외부와 단절됐다. 그 후 아픈 몸 때문에 일자리를 잃었고 사이가 좋지 않던 가족과는 더 멀어졌다. 생계·주거 급여로 나오는 월 85만 원이 수입의 전부. 이 돈으로 월세(23만 원)와 공과금을 내고 나머지는 병원비를 위해 아껴둔다.

삽화 전진이

밥은 하루 두 끼, 어떤 날은 한 끼만 먹는다. 세 가지 반찬으로 일주
일을 산다. 매주 목요일 복지관에서 오는 반찬이 오민정 씨의 생명줄
이다. 주된 단백질원은 검정콩조림과 두유다. 그의 식단은 양질의 동
물성 단백질이 부족하다. 투병 생활 5년째, 패혈증과 급성췌장염이
한 번 심하게 왔고 허리디스크와 저혈당 및 저혈압 같은 합병증이
몰려와 스스로 몸을 움직여 음식을 해 먹기가 쉽지 않다. 사진 오민정

다 같은 고기가 아니다

저소득층의 식탁에서 가장 두드러진 점은 단백질, 특히 고기의 결핍이다. 라면이나 빵은 많이 등장하지만 고기는 좀처럼 보기 힘들다. 고기를 먹더라도 이들이 먹을 수 있는 종류는 한정돼 있다. 2021년 7월 29일 서울 강북구 한 카페에서 만난 쉰다섯 살 이현진 씨도 그랬다. 기초생활수급자로 세 자녀와 함께 사는 그가 '고기를 먹었다'고 말하면 돼지고기를 먹었다는 뜻이다. 어쩌다 돈이 생기면 현진씨는 덩어리로 파는 저렴한 돼지고기 앞다리살을 사 냉동실에 넣어둔다. 그러다 자녀들이 고기를 먹고 싶다고 하면 조금씩 꺼내 먹는다. 현진씨는 "두 달에 한 번 정도 고기를 먹는다"고 말했다.

그는 마지막으로 소고기를 먹은 날을 정확히 기억했다. 2020년 아버지의 기일이었다. 소고기 세 쪽으로 고기 산적을 해 제사상에 올렸다. 제사가 끝나고 그는 소고기를 입에 넣었다. 언니가 제사 비용을 보태준 덕분이었다. 전년 제사에서 현진씨가 돼지고기 산적을 상에 올린 걸 보고 다음에 소고기를 올리라고 준 돈이었다. 현진씨는 그 뒤 한 번도 소고기를 먹지 못했다.

언니는 제사가 없을 때도 동생의 식탁을 신경 썼다. 현진씨는 언니가 보내준 미역으로 몇 번이고 미역국을 끓여냈다. 미역국에는 소고기도 황태도 없었다. 건더기는 미역뿐이었다. "미역국을 자주 끓이는데 넣을 게 없어요. 애들 생일에 고기 없이 미역만 끓여주기도 해요."

세 자녀와 함께 마주하는 식탁은 단출하다. 김치, 오이지, 볶음고추장 등을 밑반찬 삼아 나라미로 지은 찰기 없는 밥을 먹는다. 찌개를 끓이는 날도 있다. 작은딸이 끓이는 팽이버섯찌개에는 팽이버섯과 고추장만 들어간다. 현진씨가 만든 김치찌개에도 고기는 없다.

기초생활수급비를 받으면 현진씨는 월 20만 원을 4인 가족의 식비로 빼둔다. 통계청 가계동향조사에 따르면 2021년 4분기 가구당 월평균 식료품·비주류음료 지출은 40만 4000원이었다. 현진씨는 남들이 쓰는 식비의 절반으로 식탁을 차려왔다.

자연스럽게 현진씨는 더 저렴한 시장을, 같은 가격이면 더 많이 살 수 있는 시장을 찾는다. 그는 롯데마트보다는 동네 재래시장을, 동네 시장보다는 경동시장을 가는 사람이 됐다. 걸어서 15분 거리에 동네 시장이 있는데도 버스로 30분 거리에 있는 경동시장에 간다. 동네 시장에서 만 원에 두 마리 하는 고등어를 경동시장에 가면 대여섯 마리를 살 수 있다.

아이들은 현진씨를 '짠돌이 엄마'라고 부른다. 피자와 치킨 등을 시켜 먹자고 몇 번이고 보채도 단호히 '안 된다'고 답하기 때문이다. "있는 거 그냥 먹으면 되는데 굳이 힘들게 일해 번 돈을 몇만 원이나 줘야 하잖아요. 그래서 사 먹지 말라고 하죠." 큰맘 먹고 피자를 먹는 날에는 걸어서 시장에 있는 피자집에 간다. 그러면 배달비를 아끼고 6000원 포장 할인도 받을 수 있다.

현진씨 집에서도 식비는 우선순위에 들지 못했다. 병원비가 최우선이었다. 스물다섯 살 큰딸은 지적장애와 우울증을, 열아홉 살 막내는 양극성 장애(조울증)를 앓고 있다. 현진씨도 퇴행성 관절염과 골다공증, 동맥경화 등에 시달리며 하루 16알 약을 먹는다. "약을 먹고 나면 입맛이 떨어져요. 정신도 멍해지고."

기초생활수급자라서 의료급여 혜택을 받지만 큰딸과 작은딸이 성인이 돼 의료급여 2종으로 분류되면서 부담이 늘었다. 의료급여 1종일 때는 1500~2000원으로 진료비와 약값을 모두 해결했다. 지금은 진료비도 약값도 입원비도 고스란히 현진씨 몫이 됐다.

하지만 아픈 몸은 의료급여 지원이 줄어든 상황을 괘념하지 않는다. 장이 약한 큰딸은 가끔 아픈 배를 끌어안고 응급실에 갔다. 현진씨는 그때마다 떨리는 손으로 오륙 만 원을 냈다. 갑작스레 큰딸이 입원해 병원비 250만 원이 청구됐을 때 현진씨는 어쩔 수 없이 동기간에게 손을 벌렸다.

병원비에 대비하기 위해 가입한 보험은 새로운 부담이 됐다. 큰딸과 막내아들, 현진씨의 보험비로 한 달에 40만 원이 나간다. 그것도 작은딸이 아르바이트를 시작하고 스스로 보험비를 내면서 줄어든 금액이다.

병원에 다니는 교통비도 만만찮다. 아이들을 혼자 보낼 수 없어 현진씨가 함께 가면 교통비는 두 배가 된다. 두 자녀와 현진씨가 병원을 오가는 비용만 한 달에 15만~20만 원에 달한다. 몸이 아파 병원에 가고 병원에 가려면 식비를 줄여 교통비를 마련해야 하고 식사가 부실한 만큼 다시 몸이 아프게 되는 악순환이다.

음식을 골고루 먹이지 못해 자식들이 아픈 것 같다고 자신을 책망하는 현진씨에게 가장 중요한 건 아프지 않은 몸이다. 금전적 여유가 생기면 식비에 보태기보다 적금을 새로 들고 싶다. 언제 어떻게 아플지 모를 세 자녀와 자신을 위한 대비가 필요하다.

고기도 먹어본 사람이 잘 먹는다는 말은 현진씨의 상황에 맞아떨어지는 표현이었다. 그는 인터뷰하는 내내 몇 번이고 소고기를 먹고 싶다고 했지만 구체적인 고기 부위나 조리법을 언급하지 않았다. 그저 '소고기'를 구워 먹고 싶다고 할 뿐이었다.

고시 식당

서울에서 고기를 가장 저렴한 가격에 양껏 먹을 수 있는 곳 중 하나가 대학동의 고시 식당이다. 대학동 옛 고시촌 곳곳에 있는 한식 뷔페 음식점을 그렇게 통칭한다. 고시 식당들의 음식 구성은 대체로 비슷하다. 푸짐히 차려놓은 수십 가지 반찬을 동그란 접시 하나에 '무한 리필'로 담을 수 있다. 한 끼에 닭볶음, 돈가스, 소불고기, 탕수육 등을 4000원, 5000원에 먹을 수 있다. 냉면 한 그릇 값이 1만 5000원이 넘는 시대에 십여 년 전 물가를 고수한다.

사법시험이 없어지기 전 고시 식당은 빈약한 주머니 사정에 넉넉히 끼니를 챙기려는 고시생들로 북적였다. 사시가 폐지되고 온라인 강의가 보편화되면서 식당 풍경도 달라졌다. 줄어든 청년의 빈자리를 소득도 직업도 변변치 않은 독거 중장년이 채웠다. 예순 살 장용기 씨도 그런 손님 중 하나다. "가성비로 따지면 (고시 식당이) 전국 어디보다 높죠. 이 돈 주고 밥 먹을 데가 별로 없으니까."

용기 씨에게 고시 식당은 일주일에 한 번 '특식'을 먹기 위해 찾는 곳이다. 그곳에 가면 평소에 좀처럼 먹기 힘든 고기반찬을 양껏 먹을 수 있다. 4000원, 5000원 이용료가 부담돼 자주 가지는 못한다. 한번 갈 때 조금이라도 고기를 더 많이 먹기 위해 고시촌 전용 애플리케이션을 활용한다. "고시촌 관련 정보를 모아놓은 '구동여지도'라는 앱이 있어요. 여기서 고시 식당 메뉴를 클릭하면 매일 그날의 식단이 떠요. 이걸 보고 육류가 많이 나오는 곳을, 특히 나는 보쌈을 좋아해서 보쌈 나오는 데를 찾아갑니다."

고시 식당의 고기는 값싸고 무제한으로 먹을 수 있는 만큼 질이 낮다. 식당 벽면에 붙어 있는 원산지 표시판에는 닭과 돼지, 소고기가 미국, 브라질, 호주 등지에서 넘어왔다고 적혀 있다. 용기 씨에게 고기 질은 중요하지 않다. 고기로 배를 채울 수 있다면 기름진 음식에 속이 하루 종일 더부룩한 것도 참을 수 있다. "고시 식당에 가야 그나마 고기를 먹을 수 있으니까요. 채소나 과일도 이곳이 아니면 먹기가 힘들어요."

용기씨는 집도 직업도 없다. 2년 전 직업을 잃고 아내와 갈등을 겪어 가정까지 깨진 뒤 과거 공부했던 기억을 떠올리고 대학동에 왔다. 잠은 친형이 운영하는 학원의 빈 강의실에서 잔다. 그는 자신과 같은 중장년층이 우글거리는 대학동을 한국 사회의 막장이라고 불렀다. 탄광 갱도의 막다른 곳처럼 갈 곳 없는 이들이 위에서 아래로 내려와 이룬 동네다.

"이곳에 한번 들어오면 자의든 타의든 나가기가 힘들어요. 여기 생활비로 다른 데 가서 살 수가 없으니까. 다들 건강도 안 좋아서 혼자만의 노력으로 상황을 획기적으로 바꾸기는 기대하기 어려워요." 가장 싼 값에 고기를 제공하는 고시 식당이 대학동에 남아 있는 건 어찌 보면 필연이다.

용기씨는 대부분 식사를 천주교 사회복지시설 '참 소중한...' 센터와 길벗사랑공동체 해피인에 의지한다. 대학동에 숨어든 가난을 정부의 도움을 받지 않고 자력으로 돌보는 민간 지원 단체다. 해피인은 일주일에 두 번 무료 도시락을 만들어 나눠주고 센터는 라면과 빵, 햇반, 김치 등을 비치해 언제든 가져가 먹을 수 있게 한다. 하지만 두 단체도 재정이 넉넉하지 않은 만큼 모든 끼니를 완벽히 해결해주지 못한다.

용기씨가 2021년 8월 4일부터 찍어 보내온 일주일 치 식사

사진 14장에는 라면이 5번, 빵이 5번 등장했다. 그의 한 끼는 컵라면과 바나나 아니면 빵과 음료인 경우가 많았다. 그나마 괜찮아 보이는 식사는 해피인에서 나눠준 김치가지볶음 덮밥과 센터에서 후원받은 팩에 담긴 삼계탕과 편의점 도시락 정도였다. 건강도 나이도 어중간한 그는 복지관 같은 공적 안전망에서 음식을 지원받을 자격이 안 된다. 민간단체의 도움이 없었다면 끼니를 아예 걸러야 했을지도 모른다.

그에게 오늘 저녁 가장 먹고 싶은 음식이 무엇인지 물었다.

> 장용기: 불고기 같은 거. 불고기 한 상 차림으로 골고루 먹고 싶어요.
> 방극렬: 제일 최근에 그렇게 먹은 건 언제쯤이세요?
> 장용기: 불고기를 먹은 지는 2년 더 된 것 같습니다. 이 동네로 들어오기 전에.

고기라고 다 같은 고기가 아니다. 서울지하철 7호선 남구로역 부근 37년 된 빌라에 사는 마흔두 살 양정주 씨의 먹거리 고민도 '어떤 고기를 먹느냐'다. 혼자 힘으로 열한 살 딸 다은이를 키우는 정주씨도 다른 엄마들처럼 양질의 고기반찬을 차려주고 싶다. 하지만 식탁에 올릴 수 있는 건 저렴한 통조림 햄뿐이다. "햄이 값이 싸고 맛도 좋고 요리하기도 쉽고…. 고기는 너무 비싸서 사기 아깝죠. 같은 돈으로 (양이 많은) 다른 걸 먹을 수 있는데요."

정작 정주씨 본인은 고기를 별로 좋아하시 않았다. 하지만 한창 자랄 나이인 딸을 생각하면 영양이 풍부하고 배가 든든한 고기를 자주 못 먹이는 게 마음에 걸린다. 정주씨 집에서 본 다은이는 또래보다 키가 작고 체격이 왜소했다. 편식도 심한 편이다. 엄마는 그게 모두 자기 탓처럼 느껴진다. "다은이가 어렸을 때 내가 너무 몸이 안 좋고 힘들었어요. 이유식을 제대로 못 해주면서 때를 놓친 것 같아요. 이유식을 잘 먹은 애들은 편식하지 않고 잘 크는데…." 정주씨가 유달리 고기에 대해 집착하는 이유가 여기에 있다.

그나마 돼지고기는 '지인 찬스'를 이용해 먹을 때가 있다. 정주씨의 오랜 친구 남편이 운영하는 정육점에 가면 싸게 구할 수 있다. 소고기를 먹은 지는 오래됐다. 그는 2년 전 한우를 먹었을 때를 기억한다. "다은이 아빠가 다은이를 보러 와서 한우를 사줬어요. 조금 먹었지만 진짜 맛있긴 했어요." 남편과는 2016년 이혼해 교류가 많지 않다.

면세점에서 근무하던 정주씨는 코로나19 유행 이후 일자리를 잃었다. 지하철 5호선 광화문역 인근 칼국수집에 겨우 취직했다. 그곳에서 종일 다른 사람이 먹고 떠난 식탁을 치운다. 식사 시간에 맞춰 일해야 해서 아침 9시에 출근해 저녁 8시 넘어 퇴근한다. 긴 시간 동안 다은이는 학교와 지역 아동센터에 맡겨져 있다.

가족의 식생활에서 어떤 부분이 부족한지 묻자 그는 다시 딸 이야기를 꺼냈다. "다은이에게 고기처럼 맛있는 음식을 못 해주고 함께 밥을 먹지 못하는 게 제일 마음에 남아요." 인터뷰를 마친 뒤 정주씨는 밥상을 찍은 사진을 보내왔다. 식탁에는 밥과 잡채, 마늘장아찌, 매실장아찌가 차려져 있었다. 잡채에 고기는 보이지 않았다.

질 낮은 식사는 '한 끼를 그냥 때웠다'는 서글픔에 그치지 않는다. 질적, 양적 영양 섭취가 부족하게 되고 이는 결국 질병으로 이어진다. 식비보다 약값이 우선인 사람들. 적지 않은 의료비가 고정적으로 나가는 탓에 식비를 아끼게 되고 이는 부실한 식사로 이어져 건강이 나빠지게 된다. 몸이 아플수록 잘 먹어야 하는데 오히려 못 먹게 된다. 삽화 전진이

서울 대학동에 사는 장용기 씨가 무료 급식 지원 단체 해피인에서
받은 김치가지볶음덮밥을 먹고 있다. 용기씨는 당뇨와 고혈압, 고지
혈, 하지정맥류 등을 앓고 있다. 당장 갈 곳이 없어 친형이 운영하는
학원의 빈 강의실에서 지낸다. 부엌이 없는 학원에서 해 먹을 수 있
는 음식은 라면이 전부다. 사진 윤성호

어느 날 질병이라는 청구서

오민정 씨는 매달 수급비 65만 원을 손에 쥐고 무인도로 간다. 돈이 들어오면 생존에 필요한 세 가지를 고른다. 월세 23만 원, 전기세와 수도세 등 공과금 10만 원, 마지막으로 비급여 진료비와 약값을 차례로 고른다. 진짜 무인도로 가는 길이라면 민정씨는 물과 불, 음식부터 집었을 것이다. 다행히 그는 경남의 한 원룸에 산다. 방에는 나라에서 준 나라미와 복지관에서 준 밑반찬이 있다. 복지관이 놓아준 AI 스피커도 있다. 심장 질환과 관절염, 허리 디스크, 저혈당 등으로 몸을 제대로 가누지 못하는 그가 AI 스피커에 대고 살려달라고 외치면 119 구급차는 원룸 앞으로 올 것이다.

수급비 65만 원을 나누는 작업은 전쟁터에서 상처 입은 병사들을 분류하는 일과 같다. 위급한 곳부터 차례로 틀어막는다. 신속하고 냉정해야 한다. 월세를 밀리면 민정씨는 AI 스피커를 챙겨 길거리에 나앉아야 한다. 또 비급여 진료비를 따로 남겨두지 않으면 스피커에 대고 살려달라고 외치기 전에 한 번 더 생각해야 할 것이다. 여기에 식비가 끼어들 자리는 없다.

"내가 어릴 때부터 굶는 건 잘했거든요. 조금 못 먹어도 살 수 있어요. 밥이 없으면 라면도 괜찮아요. 나는 라면 반 개만 먹어도 돼요."

민정씨는 자신이 못 먹고 산다고 생각하지 않는다. 본인보다 더 못 먹는 사람들도 많다고 생각한다. 그런 사람을 실제로 본 적은 없다. 그래도 세상엔 어려운 사람들이 얼마나 많겠는가 생각한다. 잘 먹고 사는 사람을 부러워하기보다 자신보다 더 못 먹는 이들을 상상하는 편이 더 낫다. 그러지 않으면 스트레스와 불안을 떨치지 못할 것만 같다.

노무사 시험을 준비하는 박민석 씨는 최소한의 것을 찾고 있다. 그는 저렴한 월세와 괜찮은 면학 분위기, 값싼 음식을 파는 식당을 찾아 대학동으로 왔다. 시험에 합격할 때까지 민석씨는 많은 것을 미뤄둔 상태다. 먼저 잘 먹는 것부터 내려놨다. 한 달 생활비 40만 원 중 5만 원을 식비로 쓴다. 살고 있는 원룸에는 조리 시설이 없다. 설사 있더라도 직접 요리해 먹을 생각은 없다. 요리 재료와 도구를 갖추는 것보다 고시 식당 등에서 2500원짜리 순두부찌개를 사 먹는 것이 싸고 간편하다.

고등학교 졸업 후 여러 일을 전전하다 노무사의 꿈을 꾸게 된 민석씨에게는 아직 먹는 것보다 중요한 일이 많다. 최소한의 생활비로 월세와 학원비, 교재값을 충당하는 그에게 밥은 먹는 것이 아니라 때우는 것이다. 어느 정도 배만 채우면, 자신만 참고 버티면 아무런 문제도 생기지 않는다.

경제적으로 어려운 청년들은 내부분 민석씨와 비슷한 선택을 한다. 알바노조가 2021년 청년 56명(20~40세 54명, 40세 이상 2명)을 대상으로 실시한 설문조사에서 '한 달 수입이 부족한 경우 어떻게 대처하는가'라는 질문에 '식비를 줄인다'는 응답이 38건(복수 응답 가능)으로 가장 많았다. 이어 '음식의 질을 낮춘다'(27건) '끼니를 줄인다'(19건) '대체 음식을 먹는다'(16건) 순이었다.

물론 민석씨는 평생 이런 삶을 할 것이라고 생각하지 않는다. 합격하는 날까지 여러 일을 잠시 유예해뒀을 뿐이다. "돈이 정 급하면 언제든지 일할 생각이에요. 아직까진 건강하니까 괜찮아요." 민석씨의 젊은 몸은 한 끼쯤 굶어도 보채지 않는다. 그에게 믿을 것은 몸 하나뿐이다.

2600원짜리 쌀

숫자로 따져보면 저소득층이 식비에 쓰는 비중은 적지 않다. 고소득층보다 이른바 엥겔지수가 더 높다. 통계청 조사에 따르면 2021년 4분기 소득 최상위 20퍼센트(5분위) 가구는 매달 평균 1013만 원을 벌어 426만 원을 썼다. 식료품과 음료를 사는 데 56만 원을, 외식비 등에 60만 원을 썼다. 반면 소득 최하위 20퍼센트(1분위) 가구는 한 달 평균 105만 원을 벌어 119만 원을 썼다. 식료품과 음료에 27만 원을, 외식비 등에 13만 원을 지불했다. 이들은 버는 돈보다 더 많은 돈을 쓰고 있는데 쓰는 돈에서 식비가 차지하는 비중이 33.6퍼센트나 됐다. 최상위 가구는 식비 비중이 27.2퍼센트였다.

　최하위 가구가 적자 가계부를 벗어나는 가장 즉각적인 방법은 식비를 줄이는 것이다. 주거비나 의료비는 당장 줄이기 쉽지 않다. 식사는 점점 배를 채우기 위한 행위가 된다. 한국농촌경제연구원의 김상효·이계임·유기환 연구위원은 저소득층의 우유, 과일, 어패류, 육류 섭취량이 중위층과 고소득층에 비해 상대적으로 낮다는 분석 결과를 도출했다('취약계층 대상 농식품바우처 지원사업 추진 현황과 당면과제 보고서' 2021.8.30.). 김상효 연구위원은 이렇게 말했다. "실제로 취약 계층은 한 달에 10만 원에서 15만 원 정도를 먹는 데 씁니다. 우리나라 취약 계층은 기본적으로 식품비에 쓰는 돈이 없다시피 해요."

　눈에 띄는 점은 저소득층의 곡류 섭취량이었다. 소득이 많은 다른 이들과 비교해도 큰 차이가 없었다. 쌀이나 빵, 라면 위주의 식사를 하고 있어서다. 실제로 기초생활수급자나 차상위계층이 되면 쌀 걱정은 어느 정도 해결된다. 정부 양곡, 이른바 나라미가 제공된다. 물론 공짜는 아니다. 돈 주고 사야 한다. 2022년 기준 생계·의료 급여 수급자는 2600원, 교육·주거 급여 수급자 및 차상위계층은 1만 900원에 나라미를 살 수 있다. 가구원당 10킬로그램씩 판매한다. 배송비는 무료다. 2022년형 나라미는 어른 손바닥만 하던 '나라미' 로고를 새끼손가락 크기 정도로 줄였다. 받는 이들의 기분을 고려한 조치였다.

나라미를 먹는다고 대놓고 드러내는 이는 많지 않다. 이들은 신상을 밝히지 않아도 되는 익명의 온라인 커뮤니티 공간에 모인다. 이들은 나라미를 조금이나마 맛있게 먹을 수 있는 방법을 공유한다.

"서너 번만 씻지 말고 최소 열 번 정도 맑은 물이 나올 정도로 빡빡 씻어보세요. 묵은 쌀이라 전분이 많아서 밥했을 때 약간 쾨쾨한 냄새가 날 수 있어요."

"찹쌀이나 콩이 있으면 함께 넣어보세요."

"저는 보관을 잘못한 쌀인가 봐요. 쌀벌레가 나와요."

"그래요? 저는 괜찮던데요."

이들에게 나라미의 맛은 정답이 없는 논쟁이었다. 도정과 보관이 잘된 쌀을 받은 이는 생각보다 맛있다고 했다. 그렇지 못한 쌀을 받은 이는 홀대를 받았다고 토로했다.

달마다 나라미를 받는 민정씨는 밥맛이 어떤지 신경 쓰지 않는다. 밥맛이 좋은 것은 무엇이고 안 좋은 것은 무엇인지도 따져보지 않는다. 그에게 10킬로그램에 2600원을 주고 살 수 있는 쌀은 품평의 대상이 아니다. 감사한 마음으로 먹어야 하는 양식이다. 민정씨가 쌀을 씻어 전기밥솥에 안칠 때 그의 머릿속은 돈 들어갈 곳에 대한 생각으로 가득해 밥맛을 따질 공간적 여유가 없다. 맛있어서 입에 넣자마자 눈이 휘둥그레지는 쌀이라면 당연히 좋겠지만 그런 기대는 아예 하지 않는다. 밥은 맛으로 먹는 것이 아니다. 쌀이 끊기지만 않으면 된다. "그냥 생각하면 너무 감사해요. 이거라도 없으면 정말 막막하거든요."

빈곤한 식탁은 질병을 부른다

돈이 주어진다면 저소득층은 좀 더 나은 식사를 할 수 있을까. 만약 나라에서 지원금을 준다고 하면 식비에 쓰는 돈을 늘리겠느냐는 질문을 건넸을 때 세 자녀를 키우며 투병 생활을 하는 이현진 씨는 고개를 가로저었다. 병원비를 마련하기 위해 적금을 들고 싶다고 했다. 당뇨 합병증으로 왼쪽 다리에 마비가 온 이승수 씨도 밥보다 치료비를 골랐다.

"얼마 전 병원에 가니까 의사가 갑상선 초음파 검사를 해보자고 하더라고요. 목이 안 좋은 거 같다고. 근데 비급여라는 거야. 20만 원. 내가 지금 생계급여와 주거급여로 받는 돈이 총 85만 원인데 20만 원이면 상당히 큰 비중이란 말이에요. 그래서 생각해보겠다고 하고 일단 나왔어요. 돈이 더 있으면 이것부터 해봐야죠."

열악한 주거 환경은 식비보다 더 시급한 문제다. 서울 월곡동 반지하방에 사는 일흔네 살 이원이 할머니는 월 60만 원 수입 중 30만 원을 월세로 낸다. 반지하방은 점점 낡아가지만 서울에서 월세 30만 원으로 구할 수 있는 방은 거의 남아 있지 않다. "돈이 있으면 다른 것보다 방세에 보태고 싶어. 방세가 너무 비싸니까. 방세 도움을 주면 좋겠다 싶어."

대학동 원룸에 사는 민석씨도 청년층에 지원금이 주어진다면 주거비에 쓰겠다고 했다. 같은 대학동에 사는 이지은 씨도 주거비를 골랐다. "일단 주거비가 제일 크죠. 식사는 그다음이고요. 물론 아직까지는 의료비보다 식비를 더 많이 쓰는 것 같아요."

빈곤한 식사는 쌓이고 쌓여 어느 날 질병이라는 청구서로 날아온다. 배만 채우는 식사는 건강을 담보로 잡힌 후불 결제였다는 것을 깨닫게 되는 순간이 온다. 한때 축구를 즐겼던 승수씨는 잘못된 식습관을 들여 이제 걷는 것도 쉽지 않지만 후불 결제의 유혹을 여전히 뿌리치기 어렵다. 빈곤한 식사와 질병의 악순환은 서로의 꼬리를 물고 이어진다.

저소득층에 제공되는 의료급여 수급자 수는 2020년 기준 152만 명을 넘어섰다. 지급된 의료비는 8조 8290억 원으로, 1인당 585만 원에 달한다. 의료급여는 저소득층에 지급되는 예산의 절반이 넘는다. 2022년 기초생활보장 예산 14조 4590억 원 가운데 생세급여 예산은 5조 2647억 원인데 의료급여 예산은 이보다 1.5배 넘는 8조 1232억 원이다. 사실상 기초생활보장 비용의 절반 이상이 의료급여로 지출되고 있다.

기초생활수급자 가운데 근로 능력이 없는 자와 희귀 질환자, 노숙인 등은 1종 의료급여 대상이다. 꽤 많은 치료에 대해 비용을 내지 않아도 된다. 이 과정에서 의료급여를 악용한 과잉 진료 문제도 끊임없이 도마에 오르고 있다. 제도의 본래 취지가 현실에선 부작용을 일으키고 있다는 논쟁이다. 확실한 것은 빈곤한 식사가 국가적 문제로 확대되고 있다는 것이다. 김상효 연구위원은 이렇게 지적한다. "소득이 없어 제대로 못 먹으면 영양 수준이 떨어집니다. 그러면 유병률이 높아져 아픈 사람이 늘고 국가는 이들을 위해 의료 비용을 추가로 내야 하겠죠. 취약 계층의 식생활은 너무나 심각한 상태이고 곧바로 국가 부담으로 이어지므로 이대로 내버려둘 상황이 아닙니다."

한 독거노인의 집에 정부 양곡 나라미와 진료비 영수증 등이 놓여 있다. 서울 월곡동에서 혼자 사는 주영순 할머니도 식비보다 약값이 우선이다. 할머니는 "식비고 뭐고 아끼고 아껴도 (돈이) 며칠 있으면 싹 도둑맞은 것처럼 사라져버려"라고 했다. "내가 지금 당뇨약하고 관절약, 혈관약을 먹는데 (소득이 늘면) 그런 한약을 먹고 싶어. 다리 에 하지정맥류가 심해서 수술도 하고 싶어. 돈 쓸 데가 천지여." 사진 국립아시아문화전당·박민구

식비를 줄인다, 음식의 질을 낮춘다, 물가가 오른 음식
대체음식을 먹는다
식비를 줄인다, 끼니를 줄인다, 물가가 오른 음식 대신 더
먹는다
식비를 줄인다
음식의 질을 낮춘다
아직 생활에 부족한 경험이 없다
식비를 줄인다
식비를 줄인다
식비를 줄인다
물가가 오른 음식 대신 대체음식을 먹는다
음식의 질을 낮춘다
식비를 줄인다, 음식의 질을 낮춘다, 끼니를 줄인다, 아파도
병원에 가지 못한다
저금, 저축 등을 줄인다
식비를 줄인다, 음식의 질을 낮춘다, 끼니를 줄인다, 아파도

집안 형편 탓에 알바를 하는 청년들은 경제적 어려움에 부닥칠 때 식비부터 줄인다. 알바노조가 2021년 4월 청년 56명(20~40세 54명, 40세 이상 2명)을 대상으로 실시한 설문조사에서 '한 달 수입이 부족한 경우 어떻게 대처하는가'를 묻자 '식비를 줄인다'는 응답이 38건(복수 응답 가능)으로 가장 많았다. 사진 김지훈

사진의 힘

'빈자의 식탁' 연재가 주목받은 이유는 그들의 밥상 사진을 있는 그대로 보여줬기 때문이다. 우리는 식탁 사진을 나열한 데서 그치지 않았다. 사진을 분석해 그들이 영양학적으로 얼마나 불충분하게 먹고 있는지 보여줬다.

사진이 보도에서 얼마나 큰 역할을 할 수 있는지 깊이 각인된 보도가 있다. 미국 콜로라도주의 지역지인 덴버 포스트가 2003년 보도한 '계급의 배신'(Betrayal in the Ranks)이다. 이 보도는 미국 군부대에서 폭력과 성폭력을 당한 여성들의 이야기다. 피해자들은 폭력을 당한 뒤 이를 고발했지만 제대로 된 보호 조치를 받지 못했다고 털어놨다. 가해자 조사와 처벌도 제대로 이뤄지지 않았고 오히려 피해자가 처벌을 받은 사례가 많았다. 덴버 포스트는 9개월간 취재하면서 60명이 넘는 여성을 만나 군부대 성폭력이 어떻게 처리되고 있는지를 상세히 보도했다.

기사의 압권은 피해자들이 자신의 모습을 드러낸 신문 1면이었다. 기사 첫 회, 덴버 포스트는 피해자 16명의 사진을 1면에 실었다. 성폭력 피해자가 자신을 드러내는 것은 미국에서도 쉽지 않은 일이다. 얼굴을 공개한 피해 여성들은 후임 여성들이 자신과 같은 일을 겪지 않았으면 좋겠다고 말했다. 여론은 군에 대해 거센 비판 반응을 보였고 결국 변화가 일어났다. 콜로라도주 상원 의원의 주도하에 미 의회가 조사를 요구했다. 미 국방부는 이를 받아들여 군 내 성폭력 실태와 처리 과정에 대한 조사를 실시했다.

변화를 끌어낸 핵심 요인은 덴버 포스트 기자들의 방대한 취재와 인터뷰일 것이다. 하지만 피해자의 모습을 공개한 사진도 기사의 파급력에 힘을 더했다고 생각한다. 독자들은 신문 1면에 공개된 피해자 모습에 문제의 심각성을 더 크게 느꼈을 것이다.

나는 2020년 '대한민국 데프블라인드 리포트'를 보도할 때 비슷한 시도를 했다. 데프블라인드는 시각과 청각 모두 장애가 있는 시청각 중복 장애인을 뜻하는 말이다. 1880년 태어난 헬렌 켈러가 데프블라인드다. '데프블라인드 리포트'는 한국에도 이런 장애인이 적지 않게 존재하고 있으며 이들을 위한 교육과 지원 체계가 매우 낮은 수준임을 지적했다. 또 그들이 장애에 이르게 된 과정과 현재 삶의 모습을 전했다.

데프블라인드 연재 첫 회도 신문 1면에 이들 12명의 사진을 공개하는 것으로 시작했다. 이들이 폭력의 피해자는 아니지만 제대로 갖춰져 있지 않은 교육과 복지 제도의 피해자임을 강조하고 싶어서였다. 또 스스로 존재를 드러낼 수밖에 없을 만큼 데프블라인드 지원 제도가 형편없다는 사실을 알리고 싶었다. 헬렌 켈

러가 태어난 지 140여 년이 지났지만 한국에서는 교육에 성공한 선천성 데프블라인드가 없다.

빈자의 식탁 취재를 기획하면서 또 다른 보도의 사진들이 떠올랐다. 매체 이름은 잘 기억나지 않는데 미국 뉴욕의 한 언론은 2000년대 지하철 전동차와 승강장 사이 틈에 관한 기사를 썼다. 이 언론사 기자들은 독자들에게 자신이 주로 이용하는 지하철역 승강장의 틈을 찍어 보내달라고 요청했다. 카메라 기능이 있는 휴대폰이 보급된 시기였다. 독자들은 수십 개 역에서 찍은 사진을 해당 매체에 보냈다. 일부러 지하철 승강장 틈과 자신의 발을 함께 찍어 발이 끼일 사고의 위험을 경고한 사진도 있었다. 사진을 모은 기사는 안전하지 않은 일상 공간을 보여주면서 하나의 메시지가 됐다. '승강장 틈을 좁히는 공사가 당장 필요하다'는 것이었다.

빈자의 식탁 기획을 구상하면서 우리도 취재원이 참여하는 방식을 도입할 수 있을 것 같았다. 요즘엔 경제적 형편이 어려운 사람들도 대부분 스마트폰을 갖고 있으므로 가능할 것 같았다. 다만 한두 끼 사진만 찍어서는 안 됐다. 식생활을 살피려면 적어도 일주일 치 식사를 찍은 사진은 있어야 했다. 한 끼 정도는 누구나 부실하게 먹을 수 있어서다. 당사자들이 이 일을 해줄 수 있을지 걱정스러웠지만 해보기로 했다. 팀원들은 저소득층 당사자들을 만나 인터뷰를 하고 난 뒤 식사 사진을 찍어달라고 요청했다. 사진을 보내준 당사자에게 편의점 기프티콘을 증정했다. 개인이 찍은 사진을 언론사가 구입하는 대가였다. 보도에 나온 식탁 사진은 이들에게 구매한 것이다.

인터뷰한 25명 가운데 13명에게서 사진 129장을 받았다. 사진을 다 받은 뒤 처음 계획대로 전문가에게 맡겨 영양소 분석을 했다. 비교적 꾸준히 사진을 보내온 6명의 일주일 치 식사 사진 85장을 윤지현 서울대 식품영양학과 교수에게 보내 분석을 부탁했다.

윤교수는 분석 결과를 우리에게 전해주면서 "깜짝 놀랐다"는 말을 여러 차례 했다. 보통 취약 계층의 식사와 관련해선 양보다 다양성을 강조해왔는데 오히려 양이 부족한 걸 보고 놀랐고, 1960년대와 1970년대처럼 탄수화물 위주의 식사를 하는 분이 많은 걸 보고 또 놀랐다고 했다.

6명 가운데 거의 매일 라면을 먹는 최상헌 씨의 일주일간 식사 사진 14장에 대한 분석 결과는 예상보다 더 나빴다. 그가 하루 평균 섭취한 에너지는 979킬로칼로리로 30~49세 남성의 에너지 필요 추정량인 2500킬로칼로리의 39.1퍼센트였다. 칼슘과 마그네슘 등 몸에 필요한 여러 무기질 중 목표 이상으로 섭취한 것은 나트륨뿐이었다.

윤교수는 영양 분석 프로그램에 그가 먹는 라면을 입력할 때마다 계란을 빼야 했다. 프로그램에서 '라면'을 불러오면 계란 한 개가 기본으로 포함돼 있는데, 상헌씨의 라면 사진엔 전부 계란이 없었다. 윤교수는 "단백질 공급원이 사실상 없고 식품 다양성이 매우 부족하다"고 평가했다.

서울 한 임대아파트에서 대학생 아들과 단둘이 사는 이오경 씨의 일주일 식사도 영양학적으로 낙제였다. 그의 하루 평균 에너지 섭취량은 710킬로칼로리. 50~64세 여성의 하루 필요 추정량인 1700킬로칼로리의 41.7퍼센트에 불과했다. 단백질은 하루 평균 24그램을 섭취한 것으로 분석돼 필요량인 40그램에 못 미쳤다. 윤교수는 "한국식 식사에서 밥이 탄수화물이라면 나머지 영양소는 반찬에서 보강해야 한다. 단백질 등을 반찬으로 섭취해야 하는데 지금 식단에는 없다"고 말했다.

서울 대학동에서 혼자 살고 있는 장용기 씨의 식사도 '곡류군 위주로 식품 다양성이 매우 낮다'는 평가를 받았다. 용기씨는 당뇨와 고혈압, 고지혈증, 하지정맥류 등을 앓고 있다. 달고 짠 음식은 독이나 마찬가지이지만 그가 지내는 곳엔 음식을 조리할 공간이 없다. 당장 갈 곳이 없어 처형이 운영하는 학원의 빈 강의실에서 지내고 있다. 부엌이 없는 그곳에서 해 먹을 수 있는 음식은 라면이 전부다.

식단을 분석해보니 그가 하루 평균 섭취한 열량은 970킬로칼로리로 50~64세 남성의 에너지 필요 추정량 2200킬로칼로리의 44.0퍼센트였다. 단백질 섭취량도 29그램으로 평균 필요량 50그램에 한참 못 미쳤다. 식이섬유도 충분 섭취량보다 부족했고 비타민 A, D, E도 필요량 미만을 섭취하는 것으로 분석됐다. 윤교수는 "당뇨와 고혈압이 있다면 탄수화물과 나트륨을 많이 먹으면 안 된다. 그런데 이분의 식사는 탄수화물과 나트륨 모두 과잉"이라고 평가했다.

저소득층이 보내온 식사 사진에 의문을 표시할 수 있다. 진짜 저렇게 못 먹을까. 혹시 당사자들이 취재 의도를 간파하고 평소 먹는 것보다 일부러 더 부실한 식사를 찍어 보낸 것은 아닐까. 나는 그럴 가능성이 제로라고 생각한다. 거꾸로 그들의 실제 식사는 사진보다 더 질이 낮았을 가능성이 크다.

방극렬이 연재를 마친 뒤 찾아간 식품영양학 전문가 두 사람도 비슷한 이야기를 주고받았다. 방극렬은 서울대 생활과학대학 연구실을 방문해 연재를 도운 윤지현 교수를 만났다. 그 자리에는 한국보건산업진흥원에서 영양정책지원센터장을 지낸 김초일 교수도 있었다. 세 사람은 그 자리에서 이런 대화를 나눴다.

> 방극렬: 우리가 취약 계층 분들을 만나서 사진을 이렇게 받아왔습니다.
> 윤지현: 깜짝 놀랐어요. 매일 라면만 드시는 분도 있고.
> 김초일: 직접 (사진을) 찍어 보내라고 했으면 실제보다 더 잘 나왔을 가능성도 있는데….
> 윤지현: 잘 나온 게 이거면….
> 김초일: (실제론) 더 기가 막힌 거죠.

사진의 효과를 극대화하기 위해 우리는 인터랙티브 보도를 택했다. 디지털 스토리텔링으로도 불리는 이 방식의 보도는 독자가 쉽게 글을 읽을 수 있도록 사진과 영상 등 시각 자료를 최대한 활용한다. 독자의 손가락 또는 마우스 스크롤에 따라 시각적 효과를 내는 장치들이 활성화된다.

인터뷰한 사람들에게 받은 매 끼니 사진은 신문 지면이나 온라인에 전부를 다 올리기 어려웠다. 보도 사진은 보통 한 장으로 승부를 건다. 그 한 장에 많은 이야기와 의미가 담겨 있다. 우리 기획은 가급적 많은 사진이 연속으로 노출돼야 의미가 있는 것이었다. 매일 부실하게 먹고 있고 매일 비슷한 음식을 먹는다는 사실을 전달해야 해서다. 사진이 한꺼번에 여러 장 소개될 수 있을 때 메시지를 명확히 전달할 수 있었다.

인터랙티브 페이지를 만들어 사진을 원하는 만큼 실을 수 있었다. 글도 처음부터 인터랙티브에 쓰일 것과 온라인에 쓰일 것을 별도로 준비했다. 온라인용 글을 먼저 작성한 뒤 더 짧은 호흡으로 읽을 수 있게 고치고 전체적인 분량도 줄였다. 인터랙티브용 글은 포털 사이트에서 '빈자의 식탁'으로 검색하거나 국민일보 홈페이지를 방문하면 볼 수 있다.

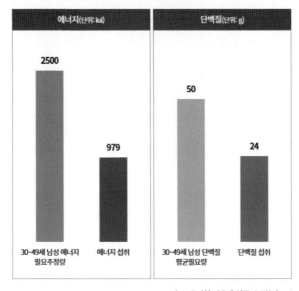

최상헌씨의 하루 영양 살펴보니

에너지(단위: kcal)		단백질(단위: g)	
2500	979	50	24
30~49세 남성 에너지 필요추정량	에너지 섭취	30~49세 남성 단백질 평균필요량	단백질 섭취

자료: 윤지현 서울대 식품영양학과 교수

최상헌 씨의 일주일 치 식사 사진 14장을 서울대 식품영양학과 윤지현 교수가 들여다봤다. 분석 결과 최씨가 하루 평균 섭취한 에너지는 979킬로칼로리였다. 30~49세 남성의 에너지 필요 추정량인 2500킬로칼로리의 39.1퍼센트다. 윤교수는 '단백질 공급원이 사실상 없다'고 말했다. "영양 분석 프로그램에서조차 '라면'을 불러오면 계란 한 개가 기본으로 포함돼 있는데 이분은 계란이 안 보여 빼고 분석했습니다."

서울 대학동에 거주하는 장용기 씨가 길벗사랑공동체 해피인에서
나눠준 무료 급식 김치가지볶음덮밥을 점심으로 먹고 있다. 당뇨를
앓고 있는 용기씨는 민간단체에서 받은 무료 도시락과 빵, 라면 등
으로 끼니를 때운다. 사진 윤성호

식사 사진을 통한 영양 평가

가난과 질병은 짝지어 다닌다. 취재 중에 만난 25명은 대부분 몸 어딘가가 아팠다. 당뇨, 고혈압, 고지혈증, 체중 급증이나 급감, 골다공증, 관절염, 패혈증 등. 음식은 가난과 질병 사이의 연결 고리였다. 질 낮은 식사는 한 끼를 그냥 때웠다는 서글픔만 늘려갔다. 질적·양적 영양 섭취가 부족하면 결국 질병으로 이어진다. 즉 빈곤한 음식은 쇠락한 몸이 무너지는 속도를 한층 빠르게 만들었다. 저소득층에선 제대로 먹지 못해 몸이 아프다는 느낌이 여실했다.

열악한 식생활이 초래하는 영양 빈곤을 구체적으로 보여줄 필요가 있었다. 윤지현 서울대 식품영양학과 교수에게 무작정 전화를 걸었다. 윤교수를 전부터 알고 있었던 것은 아니다. 취약 계층의 먹거리와 관련한 토론회에 참석하는 등 활발하게 목소리를 내온 분이다.

처음 통화하는 우리에게 윤교수는 조언을 아끼지 않았다. 음식의 양보다 질이 더 문제라고 했다. "우리나라가 이제는 선진국이잖아요. (음식의) 양을 걱정하지 않는 상황이 돼서 이제 질적 측면이 중요해요. 그렇다면 키워드는 만성질환 예방이거든요. 신선한 채소와 과일, 고기를 많이 먹어야 하는데 가난한 이들은 그 대신 당분과 나트륨이 많이 들어간 가공식품만 먹고 있어요."

윤교수의 친절하고 적극적인 태도에 힘을 얻은 우리는 한 가지를 부탁했다. 저소득층으로부터 그들의 식사 사진을 전송받고 있다는 것을 설명하고 사진 속 식사를 분석해줄 수 있겠느냐고 물었다. 윤교수는 흔쾌히 응했다. 사진을 가장 열심히 보내온 최상헌과 이오경, 장용기, 김종환, 박민석, 오민정 6명의 일주일 치 식사 사진 85장을 엑셀 파일로 정리해 그에게 보냈다.

윤교수는 사진 속 음식 내용을 한국영양학회가 영양 평가를 위해 개발한 프로그램 캔프로(Can Pro)에 일일이 입력했다. 음식 내용을 숫자로 계량화하는 작업이다. 보관 용기에 담긴 밑반찬의 경우 일반적인 성인의 1회 섭취량만을 분석에 포함했다. 나중에 윤교수를 만나 이야기를 들어보니 지도 학생들에게 시키지 않고 자신이 직접 6시간 동안 데이터를 입력했다고 했다.

음식량 절대 부족

분석 결과는 예상했던 것보다 훨씬 더 나빴다. 저소득층 6명의 하루 평균 에너지(킬로칼로리) 섭취량은 1077킬로칼로리로 나타났다. 2020년 질병관리본부가 실시한 국민건강영양조사에 따르면 성인 하루 평균 섭취량은 1953.4킬로칼로리인데 그것의

55.1퍼센트 수준이다. 이들이 음식으로 충분한 에너지를 얻지 못하고 있다는 뜻이다. 또 모든 대상자가 고기·생선·달걀·콩류군과 과일군의 섭취가 부족하다고 판정됐다. 일주일 동안 6명의 식탁에 생선류가 한 번도 등장하지 않았다는 점도 발견됐다. 취재할 때는 미처 눈치 채지 못한 사실이다.

윤교수는 분석 결과를 설명하면서 현장과 학계의 깊은 괴리를 느꼈다고 말했다. 처음에 우리에게 "양보다 질이 문제"라고 말한 것과 달리 현장에서 뜻밖의 결과가 나오자 놀란 것 같았다.

"흔히 전문가들이 취약 계층의 식생활 문제를 다룰 때면 양은 충분한데 영양학적 균형이나 다양성이 부족하다고 이야기하거든요. 나도 그랬고요. 그런데 이번에 분석해보니 절대적인 음식량이 적어서 놀랐어요. 제 나이에 필요한 기초대사량에 못 미치게 먹는 이들이 많다는 게 충격이었죠."

음식의 양보다 질이 문제일 것이라는 학계의 통념이 취재로 깨진 셈이었다.

윤교수는 식사 사진을 보내준 사람들의 건강을 걱정했다. 계속 이렇게 먹다가는 살이 쭉쭉 빠져 쓰러질 수밖에 없다고 했다. 실제로 우리가 만난 저소득층 중에 이유 없이 체중이 줄고 있다고 하소연한 사람이 적지 않았다. 설탕국수를 일주일에 네 번 먹은 남승원 씨는 최근 반년 사이 8킬로그램이나 빠졌다. 서울 월곡동 빌라 지하방에 사는 여든다섯 살 이춘숙 할머니는 코로나19 유행 이후 몸무게가 60킬로그램에서 54킬로그램으로 줄었다.

윤교수는 식사 양극화를 발견했다.

"몸무게가 줄고 체질량지수(BMI)가 낮은 게 고소득층에겐 건강의 상징인 데 반해 취약 계층에겐 영양소를 충분히 섭취하지 못해 나타나는 위험 신호이거든요. 영양 상태도 계층에 따라 양극화되는 거죠."

체중 감소는 누군가에겐 건강을 위한 다이어트의 결과이지만 다른 이에겐 참을 수밖에 없는 가난의 증거다. 미국에서는 개인의 영양 섭취 상태를 평가할 때 '지난 6개월간 체중이 10퍼센트 이상 감소했는지'를 주요 기준으로 삼는다. 이를 적용하면 우리가 만난 저소득층 상당수는 영양실조 상태다.

영양소 분석에선 탄수화물 섭취가 압도적으로 높은 것으로 드러났다. 윤교수는 저소득층 6명의 식사 수준이 수십 년 전 한국인의 밥상을 보는 것 같다고 했다.

"대다수 한국 사람들은 이제 점차 곡류를 줄이는 방향으로 변화하는데 이들은 여진히 곡류 위주의 식사를 하고 있어요. 1960년대와 1970년대처럼 식단의 80~90퍼센트가 탄수화물이에요."

다양하고 신선한 음식을 먹지 못하고 매번 라면과 빵, 국수로 끼니를 때우는 모습이다. 이는 최근 추세인 저탄수화물 고지방(저탄고지) 식단과 극명히 대비된다. 국민건강영양조사에 따르면 한국인이 탄수화물로 얻는 에너지는 꾸준히 줄고 지방으로 얻는 에너지는 늘고 있다. 2020년 성인 기준 탄수화물의 에너지 섭취 분율은 60.1퍼센트, 지방은 24.1퍼센트였다. 학계에서 권장하는 탄수화물 비율은 55~65퍼센트다. 하지만 건강을 위해 탄수화물을 줄이자는 캠페인은 가난한 이들에게 가 닿지 않았다.

탄수화물만 먹어서는 필요한 영양소를 채울 수 없다. 고기·생선·달걀·콩류군 및 우유·유제품군의 부족은 단백질과 식이섬유, 비타민 등의 공백을 가져온다. 일부 음식만 반복해 먹은 이들은 최소 8개에서 최대 16개의 영양소가 부족한 것으로 판정됐다. 4명은 식품 다양성이 매우 낮은 것으로, 2명은 식품 다양성이 낮은 편인 것으로 분석됐다.

외부 식사 지원

6명의 식단 안에서도 상대적으로 나은 것과 못한 것이 있었다. 우열은 외부 기관에서 무료 급식을 지원받느냐에 따라 갈렸다. 최소한의 균형이 잡혀 있는 무료 급식이나 도시락을 가끔이라도 받아 먹는 경우 영양 상태가 눈에 띄게 좋았다. 집에서 혼자차려 먹는 밥보다 밖에서 지원받는 음식이 영양학적으로 이들에게 더 도움이 된다는 얘기다. 윤교수는 이렇게 말했다.

"일주일에 한두 번이라도 (복지관 등의) 지원식이 들어간 이들은 평균 열량과 영양소 개수가 확 뛰더라고요. 이 정도로 차이가크게 날 줄은 몰랐어요."

무료 급식의 빈자리는 이오경 씨 식탁에서 가장 극명히 드러났다. 오경씨는 복지관의 식사 지원 대상이 아니었다. 기부 음식과 물품을 무료로 받을 수 있는 푸드뱅크를 한동안 이용했지만, 2021년 7월 구청이 선별하는 이용자 명단에서 탈락하면서 그해 하반기 푸드뱅크에서 음식을 얻을 수 없었다. 그는 집에서 밥과 밑반찬으로 식사하는 사진을 보내왔다. 반찬은 김치를 포함해 두 가지일 때가 많았고 반찬 하나만 놓고 밥을 먹은 날도 있었다. 고추·방풍나물 장아찌가 6차례 반복해 식탁에 올라왔다.

분석 결과 오경씨는 거의 모든 식품에 골고루 함유된 인(P)을 평균 필요량 미만으로 섭취하는 것으로 나타났다. 전반적인 식사량이 부족하다는 뜻이다. 인을 충분히 섭취하지 않으면 뼈가 아프고 골연화증, 근육 약화 등의 증상이 생긴다. 인터뷰할 때도 그는 "아픈 데가 너무 많다"고 했다. "갑상샘암 수술을 받은 뒤 목소리가 잘 안 나오고 손목과 발목, 무릎, 허리가 다 아파요."

윤교수가 평가한 오경씨의 식생활 점수는 100점 만점에 30점이 채 되지 않았다. 결식을 0점으로 놓았으니 굶지 않고 먹는 이들 중에서는 낙제점이었다.

"칼로리도 다양성도 너무 낮아요. 외부에서 무료 급식이나 도시락 지원을 받지 못하다 보니 질과 양 모두 형편없게 된 거죠."

우리가 얻은 교훈은 가난한 사람의 건강을 생각한다면 현금이 아니라 음식을 건네야 한다는 것이다. 가난한 이들은 이리저리 돈 나갈 구멍이 많았다. 현금을 손에 쥐어 주면 식사하는 데 쓰지 않을 가능성이 컸다. 식비는 늘 의료비와 교육비, 학비에 밀렸다. 윤교수도 그 점을 강조했다.

"무료 도시락을 받으면 이걸 두 끼에 나눠 먹더라도 평균적인 식품 다양성이 확 달라져요. 정책 목표가 식생활의 질을 높이는 데 있다면 돈이 아니라 바로 입속으로 들어갈 것을 주는 게 좋아요."

무료로 지원하는 급식의 양은 권장량을 넘겨야 효과적이라는 사실도 알게 됐다. 일반적으로 정부나 학계가 권장하는 한 끼 배식량은 성인 하루 섭취량의 3분의 1이다. 성인이 한 끼 든든하게 먹을 만큼 주는 것이다. 하지만 무료 급식이 아니면 음식을 구할 데가 없는 이들은 한 끼 분량 도시락을 보통 두 차례 많게는 세 차례로 나눠 먹는다. 서울 대학동 옛 고시촌에서 만난 독거 중장년 남성들은 모두 그렇게 음식을 아껴 먹고 있었다. 결국 한 끼를 줄 때는 일반적인 양보다 더 많이 줘야 한다. 일본은 공공 급식을 할 때 정량적으로 하루 열량을 삼등분하지 않고 다른 끼니 상태를 고려해 양을 넉넉히 주고 있다고 한다.

질 낮은 식생활은 만성질환으로 이어진다. 탄수화물 섭취 비율이 높으면 당뇨, 고혈압, 대사증후군 같은 질병에 걸릴 가능성이 크다. 단백질 섭취가 부족하면 병에 대한 민감도가 증가해 감염성 질환에 취약해진다. 영양 부족 및 불균형 상태가 오래 지속되면 식생활과 무관한 기저 질환이 악화할 수밖에 없다. 윤교수는 분석 대상 6명 모두 이러한 위험에 노출돼 있다고 판단했다.

싸구려 음식이 건강에 좋지 않다는 것을 가난하다고 모를 리 없다. 대학동 옛 고시촌에서 혼자 사는 장용기 씨는 당뇨, 고혈압, 고지혈, 하지정맥류 등을 앓고 있다. 달고 짠 음식은 그의 몸에 독이나 마찬가지다. 하지만 용기씨는 사진을 보내준 일주일간 빵과 라면을 각각 5번 먹었다. 종일 라면만 먹은 날도 있다. 모두 자주 가는 천주교 사회복지시설 '참 소중한...' 센터에서 무료로 나눠주는 식품이다. 수입원이 마땅치 않은 용기씨로서는 어쩔 수 없는 식단이다. "건강에 좋은 식사를 해 먹을 수가 없어요. 의사는 이런저런 음식을 먹으라고 자꾸 그러는데 현실이 그럴 수 없으니 스트레스를 받습니다."

저소득층의 만성질환과 높은 유병률은 향후 사회적 비용으로 돌아온다. 빈곤 가구의 식생활을 방치하면 노동력 상실과 의료비 증대라는 악순환으로 이어진다. 윤교수는 '마을 식당' 모델이 한 가지 대안이 될 수 있다고 말한다. 음식을 매개로 이웃이 모여 지역 공동체가 활성화된다면 고립과 불평등을 해소해나갈 수 있다는 취지다.

"저소득층에게 식사 지원은 단순히 먹는 것만의 문제가 아니에요. 먹는 것으로 일상을 챙기는 거죠. 각 지역의 공유 부엌 등 시설을 활용하면 청년층과 어르신의 식사 문제를 개선하고 공동체도 회복하는 효과를 기대할 수 있어요."

신문 연재를 마친 뒤 윤교수에게 전화를 걸어 감사 인사를 전했다. 그는 "글을 읽다가 울었어요"라고 했다. 음식 사진으로만 접했던 6명의 사연이 마음을 휘저은 것이다. "글을 보니 상황이 생각보다 더 심각하더라고요. 정말 너무 슬프게 쓰기도 해서….
연구자들이 맨날 토론회를 여는 것보다 이런 글이 더 중요하다고
동료들과 얘기했어요. 정책적으로 이슈를 부각할 계기가 될 것
같아요."

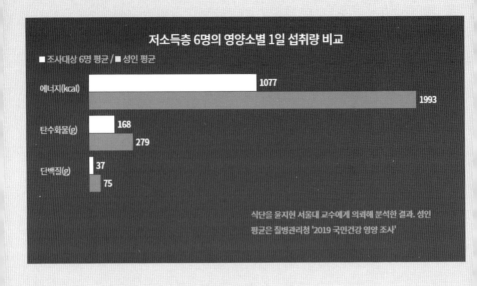

저소득층 6명의 영양소별 1일 섭취량 비교

■ 조사대상 6명 평균 / ■ 성인 평균

에너지(kcal)	1077
	1993
탄수화물(g)	168
	279
단백질(g)	37
	75

식단을 윤지현 서울대 교수에게 의뢰해 분석한 결과. 성인 평균은 질병관리청 '2019 국민건강 영양 조사'

6명의 일주일치 식사 사진을 윤지현 서울대 식품영양학과 교수에게 보내 '영양소 분석'을 의뢰한 결과 이들의 하루 평균 에너지 섭취량은 1077킬로칼로리인 것으로 나타났다. 2019년 국민건강영양조사에서 성인의 하루 평균 에너지 섭취량으로 조사된 1993킬로칼로리의 54.0퍼센트 수준이다. 이들 6명의 하루 평균 단백질 섭취량도 37그램으로 2019년 조사에서 나타난 75그램의 절반을 밑돌았다. 6명 모두 식사 종류가 매우 제한적이고 반복적이었다. 공통된 특징은 탄수화물 비율이 높다는 것이다. 1960년대, 1970년대처럼 식단의 80~90퍼센트를 탄수화물이 차지하는 식사를 하고 있었다.

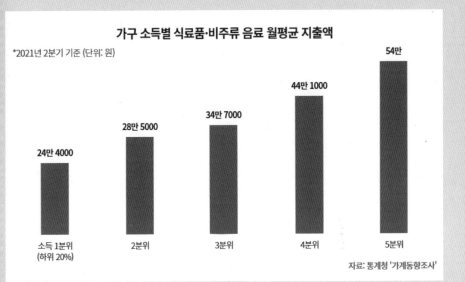

가구 소득별 식료품·비주류 음료 월평균 지출액

*2021년 2분기 기준 (단위: 원)

- 소득 1분위 (하위 20%): 24만 4000
- 2분위: 28만 5000
- 3분위: 34만 7000
- 4분위: 44만 1000
- 5분위: 54만

자료: 통계청 '가계동향조사'

한국농촌경제연구원이 2020년 통계청 가계동향조사 마이크로데이터를 분석한 결과에 따르면 중위소득 30퍼센트 미만(기초생활수급자 생계급여 기준) 가구의 월평균 식품비(외식비 포함)는 36만 8000원으로 중위소득 50퍼센트 이상 가구의 식품비 74만 원의 절반에도 미치지 못했다. 소득이 낮은 가구는 식품비 지출을 하지 못해 영양수준과 섭취량이 떨어질 수밖에 없다. 특히 외식비만 놓고 보면 중위소득 30퍼센트 미만 가구는 월평균 11만 4000원, 중위소득 50퍼센트 이상 가구는 34만원으로 세 배 가까이 차이가 났다. 가난한 사람들은 식료품 지출이 적을 뿐 아니라 외식 빈도도 크게 낮다는 뜻이다. 국민 식생활의 절반을 외식이 차지하고 있는 상황에서 소득에 따른 외식 불평등은 더욱 커지고 있다.

3부

어쩔 수 없이 혼밥

노인과 밥

2021년 여름 서울 월곡동의 다세대주택에서 한 노인이 숨졌다. 자다가 숨을 거둔 듯 반듯이 누워 있었다. 다음 날 아침 숨진 노인을 찾는 전화가 세 통 울렸다. 노인의 아들과 손주는 받지 않았지만 옆집에 사는 여든한 살 주영순 할머니는 받았다.

"나한테도 전화가 왔더라고. 지금 얼른 그 집에 가보라고."

할머니는 옆집 노인의 비상 연락망 대기 1번이었다. 늘 문 앞에서 맞아주던 또래 노인은 자리에서 일어나지 않았다.

"드러누워 있는 모습이 가버린 것 같더라고. 전날만 해도 나랑 얘기하고 그랬는데."

할머니는 그날부터 필요 없는 살림을 하나둘씩 버리기 시작했다. 죽으면 시신을 가장 먼저 발견할 사람이 누구인지 알기 때문이다.

"내가 자다가 죽으면 집집마다 돌아다니는 선생님이 제일 먼저 발견할 거야. 근데 살림이 많으면 집 치우기가 힘들잖아."

노인들의 생존 여부를 살펴보는 사회복지사들은 할머니에게 끊임없이 삶의 끝을 상기시킨다.

주영순 할머니는 이웃 노인이 숨을 거둔 날도 밥을 먹었다. 집 근처 복지관에서 준 밥을 입에 넣었다. 복지관에선 일주일에 두 번 죽지 않을 만큼 밥을 준다. 죽을 만큼 밥을 주면 할머니들은 먹지 않는다. 뭐든 적당한 게 좋다는 걸 할머니들은 안다. 주영순 할머니는 처음 복지관에서 밥을 먹은 날을 기억나지 못했다. "글 쎄, 한 10년 됐나."

여든 넘게 살아오며 할머니는 기억할 것과 잊을 것을 빨리 구 분해야 한다는 것을 깨달았다. 복지관에서 주는 밥을 입 안에 넣 으며 하나둘 기억에서 지울 것들도 삼켰다. "장사한다, 사업한다, 한 달만 쓰고 준다며 돈을 빌려달라는 사람들이 천지였지. 그러 고 다들 코빼기도 안 비추고."

지인과 친척, 자식들까지 차례로 지우고 나면 언제나 끝에는 전농3동 집이 서 있었다. "작은 시어머니가 돈 필요하대서 팔아 버렸어. 거기에 지금 아파트가 들어섰어. 그때 팔지 않고 갖고 있 었으면 부자가 됐을 텐데. 터도 넓었던 집이라서."

할머니는 이제 월곡동 보증금 4000만 원짜리 다세대주택 방 한 칸에 혼자 살며 주기적으로 살림을 버린다. 월세 10만 원을 내 는 방에서 혼자 텔레비전을 보며 지낸다. 24시간 뉴스가 나오는 채널에선 하루 종일 전염병의 위험성을 경고한다. 집에는 "나라 에서 놔준" 에어컨과 고장 날 때가 다 된 냉장고가 있다. 냉장고 에 뭔가를 넣어놓지는 않는다. "다 고장 나는 거지 뭐. 냉장고도 사람도 마찬가지고." 할머니가 그 외에 설명할 만한 특별한 일은 일어나지 않는다.

할머니는 꽤 오랜 시간을 월곡동에서 살았다. 그에 따르면 이 동네 할머니들은 다 비슷비슷하다. 다 밥맛이 없고 다 오래 산다. 자식이 있어도 똑바로 된 놈은 하나도 없다. 월곡동 땅은 넓지만 할머니의 세계관은 분명했다. "다른 사람도 얘기를 들어보면 다 똑같아."

하지만 이승과 저승에 대한 시각은 저마다 다르다. 어떤 할머니는 이승보다 저승이 낫다고 한다. 하지만 주영순 할머니는 저승보다 이승이 낫다. "이러니저러니 해도 밥은 먹잖아."

복지관에선 죽이 나올 때도 있고 찌개가 나올 때도 있다. 할머니는 주는 대로 먹는다. 달라지는 건 기분뿐이다. "어떤 날 마음이 좀 우울하고 그런 적이 있었어. 먹는데 슬픈 생각이 들 때. 그러면 '내가 왜 이래' 하고 막 먹어요. 내가 팔자가 이런 걸 어쩌누하면서."

월곡동에 사는 이춘숙 할머니는 강조했다. "나는 하루 세끼는 먹어야 해. 그래야 살아." 여든다섯 살 할머니에게 밥은 양이나 질이 아니라 횟수의 문제다. 할머니는 밥을 지을 수 있어도 반찬을 만들지는 못한다. "허리는 아프시, 몸은 쪼그라지지. 힘들어서, 힘이 없어서 못 해."

할머니는 복지관에서 남이 해주는 밥을 먹고 집에 가는 것을 좋아한다. 에어컨이 있는 시원한 식당에서 따뜻한 밥을 먹을 수 있다. 밝은 조명 아래에서 다른 할머니들과 노는 것도 좋아한다. 식당은 밥과 찌개, 생선구이 같은 반찬을 내준다. 남이 끓인 국은 자신이 끓인 것보다 맛이 좋다. 하지만 식당이 코로나19 예방을 위해 문을 닫은 뒤 할머니는 "봉지에 담긴" 국과 반찬을 복지관에서 일주일에 두 번 받아 와 집에서 혼자 먹는다. 햇반과 야채죽, 전복죽 등을 전자레인지에 데워 먹고 즉석식품이 떨어지면 오이를 썰어 물에 넣은 뒤 간장으로 간해 먹는다.

이춘숙 할머니 집에는 에어컨이 없다. "날이 더우니 움직일 수가 없어. 복지관 왔다 갔다 하는 게 운동이었는데 코로나19 때문에 그것도 못 하게 됐어." 주영순 할머니 집엔 "나라에 보채 겨우 놔준" 에어컨이 있다. 그렇지만 전기세가 많이 나올까 봐 조금 켜다가 딱 꺼버린다. 끄더라도 좁은 집은 금방 시원해진다. 하지만 국을 끓이면 집은 더워진다. 좋아하는 냉면을 삶아도 집이 뜨거워진다. 그래서 할머니는 찌개를 끓이면 이틀에 걸쳐 먹고 냉면을 삶지 않는다.

3500원짜리 밥

동네 할머니 할아버지들이 찾는 동네 복지관은 1980년대 달동네 시절에 생겼다. 처음에는 달동네 주민들에게 밥을 주다가 지역복지사업으로 커지며 복지관이 세워졌다. 30년이 흐른 지금 복지관 근처에 대단지 아파트가 들어섰고 주영순 할머니와 이정성 할머니를 포함한 215명 노인이 다세대주택과 빌라에 세 들어 살며 이곳에서 밥을 먹는다. 식사 한 끼 비용은 3500원. 서울 시민이 낸 세금을 서울시가 걷어 복지관에 나눠주면 복지관은 밥이나 즉석식품을 사 할머니들에게 무료로 제공한다.

시민이 낸 세금 3500원은 온전히 다 밥과 국, 반찬으로 할머니들의 입으로 들어가지 않는다. 그 돈으로 필요한 모든 제반 비용, 즉 전기세, 가스비, 음식을 포장하는 플라스틱 용기까지 감당해야 한다.

"그나마 조리 시설이 있는 복지관은 여유가 좀 있죠. 주방조차 마련되지 않은 곳은 막막해요." 할머니들의 자식보다 어리고 손주보다 나이가 많은 복지관 선생님들은 3500원이 떨어지면 모자란 돈을 후원금이나 기금으로 채운다. 일손이 부족하면 자원봉사자와 시가 지원하는 공공 근로자를 지원받아 충당한다.

한 끼당 3500원은 서울시가 정한 '저소득 어르신 급식지원사업'의 기준이다. 몇 년 전부터 영양사 인건비로 한 달 180만 원씩 얹어줬다. 215개 복지관과 비영리 단체가 이 돈을 받아 경로 식당을 운영한다. 월곡동 복지관은 75만 2500원으로 어르신 215명 모두에게 식사 한 끼를 준다. "그래도 우리는 식당이 있어서 괜찮은 편이에요. 훨씬 더 열악한 곳이 많아요."

가난한 할머니들은 가난한 복지관을 걱정한다. 주영순 할머니는 말했다. "복지관도 돈이 모자라는가 봐. 그래서 할머니들한테 더 잘해주지 못하고. 그것도 내가 다 알지." 삼시 세끼를 챙기는 이춘숙 할머니는 하루 한 끼도 감지덕지하다. "하루 세끼를 어떻게 다 주겠어, 이 많은 사람한테. 경제가 어려운데 이렇게 그냥 밥 주는 것만으로도 고마워. 이 많은 사람한테 다 잘해줄 수는 없잖아."

할머니들은 요즘 돈이 돈 같지 않다고 느낀다. 노령연금 30만 원에 기초생활수급비를 더하면 한 달 60만 원 남짓 수중에 들어온다. 노후 준비라는 것을 오래전에 놓친 할머니들에게 돈이란 건 돌아서면 사라지는 것이다. "한 달에 아끼고 아껴 10만 원만 써야지 하다가도 며칠만 있으면 도둑맞은 것처럼 싹 사라져버려."

할머니들은 시장에 가 생선 두 마리를 사서 며칠에 걸쳐 먹는다. 오이와 호박도 산다. 우거지까지 사고 나면 돈이 없다. 김치는 요만한 것이 1만 원이나 된다. 주영순 할머니는 사과 5개를 5000원에 사서 한 달 동안 두고 먹는다. "채소 같은 건 썩으면 버려야 하지만 과일은 좀 오래 두고 먹어도 괜찮아."

이춘숙 할머니는 죽지 않으니까 산다고 한다.

"안 죽으니께 사는 거지. 덤으로 사는 나이잖아요. 이것저것 다 안 보고 그냥 가면 편할 텐데."

여든 넘은 할머니에게 음식은 따분하고 따분한 음식을 먹는 여생은 우울하다. 반찬 없이 그냥 국에다가 밥을 말아 먹을 때 할머니는 "그냥 입에다 떠 넣고 목으로 넘긴다"고 했다.

"혼자 반찬도 없는 밥을 들고 앉아봐봐요, 얼마나 허픈가. 왜 이걸 먹고 있나 그런 거지. 텔레비전을 보면 산속에서 먹고 사는 사람 나오잖아요. 아이고, 저것도 개밥, 나도 개밥이다(웃음). 반찬도 없이 물에 말아 한 가지만 먹을 때, 그게 개밥이지 뭐 딴 게 개밥인가."

혼자 사는 삶

주영순 할머니는 독해졌다. 나이가 여든을 넘은 지금에야. "요즘 누구한테 깡통 하나라도 뺏기면 그걸 꼭 찾아오고 싶은 마음이 들어. 다 뺏기고 난 뒤이지만…."

할머니의 삶을 뒤흔든 질곡은 전쟁이나 대형 참사 같은 것에 있지 않았다. 그저 다른 할머니들보다 좀 더 불행했을 뿐이다. 동네 할머니들은 고만고만하게 불행하다. 남편은 서울 사람이었다. 시골에서 올라온 할머니는 결혼은 꼭 서울 남자와 하고 싶었다. 서울 사람인 남편은 마흔다섯 되던 해에 고혈압으로 돌연 세상을 떠났다. 남편은 그전까지 집 짓는 일을 했는데 "미나리밭만 있던 곳을 개발해" 돈을 좀 만졌다고 했다.

남편이 죽고 할머니는 식당 일을 시작했다. 남이 먹는 모습을 보면서, 내 아들이 잘살면 배가 부를 것 같았다. 할머니는 일해서 번 돈을 울산에 사는 아들한테 다 몰아줬다. 대학교까지 나온 아들은 사업에 뛰어들었다. "사업은 아무나 하나. 쫄딱 사기당했지."

아들은 아내와 이혼하고 어딘가에서 혼자 산다. 15년째 연락하지 않고 산다. "아들은 부모가 당연히 해주는 거라고 생각하고 있어. 전화도 안 해. 남보다 더 못해." 할머니에겐 키가 큰 딸도 있다. 딸은 남편을 암으로 잃은 뒤 어디 가서 팔다리가 부러지고 발가락이 부러져 다닌다. "완전히 정신이 나가버렸거든."

할머니의 아들에겐 딸이 둘 있다. 손녀들 모두 대학을 졸업했고 그중 하나는 취직은 됐는데 출근하지 못하고 있다. 딸이 낳은 아들은 장가를 잘 갔다. 손주 며느리와 함께 언덕 위에 있는 아파트 하나를 얻어 산다. 집주인이 착해 전세를 싸게 얻었다. 손주들은 월곡동에 오지 않는다.

이춘숙 할머니는 '다라이'를 머리에 이고 장사에 나서 벌어먹고 살았다. "어떤 장사라기보다 시장에 나가 과일도 팔고 대추도 팔고 여러 가지 그냥 닥치는 대로 팔았지." 공장에 다니기도 했다. 젊을 때니까 그렇게 살았고 그땐 기운도 있고 밥도 잘 먹었다. "지금은 늙으니까 밥 차려 먹는 것도 힘들고 그래."

할머니는 길거리에 놓고 싸게 파는 좌판에서 한 소쿠리에 1000원 하는 상추나 오이를 사 먹는다. 근처 여고 앞 대로변에 앉아 있는 좀 더 기운이 있는 다른 할머니에게 천 원짜리를 내밀고 채소를 들고 온다. 할아버지도 돌아간 지 오래됐다. "남편은 마흔도 안 돼 죽었고 아들 하나 딸 하나 있어. 둘 다 살기가 어려워. 아들은 요만큼도 도움을 못 주고 딸도 애들 데리고 어렵게 살아. 너무 어렵게 사니까 날 도와줄 수가 없어요."

자식도 챙겨주지 않는 할머니들의 삶을 나라는 시에, 시는 복지관과 비영리 단체에 맡겼다. 복지관과 비영리 단체는 도시락을 배달하러 노인의 집을 찾아가고 전날까지 멀쩡히 밥을 먹던 노인이 화장실에 넘어져 쓰러져 있는 모습을 발견한다.

복지관 선생님들은 노인을 수습하고 돌아와 아직 떠나지 않은 다른 노인의 생일을 챙긴다. 주영순 할머니는 7월 19일 복지관에서 준 생일 케이크를 받고 나서야 그날이 자신의 생일인 줄 알았다. 손녀뻘 되는 선생님이 사 온 케익을 받고 할머니는 울었다. "나도 잊어먹고 살았는데 여기 복지관 선생님이 딱 챙겨준 거야. 너무 가슴이 뭉클하더라고."

할머니가 언젠가 세상을 떠나면 3500원 식사를 받으려고 대기하던 다른 노인이 자리를 채울 것이다. 누군가 병원에 입원하거나 이사 가거나 임종하지 않으면 빈자리가 나지 않는다. "한 어르신 앞에 대기자가 100명이 있다는 것은 그분이 돌아가시기 전까지 못 받을 확률이 높다는 거죠."

나라와 시와 복지관은 할머니들 주변에서 다양한 일을 한다. 보건복지부는 2020년부터 '지역사회 통합돌봄'이라는 시범 사업을 시작했고 시청의 '주임님'은 복지관 식당을 돌아다니며 후년 예산에 3500원보다 더 높은 숫자를 적어낸다. 복지관은 쌀독에서 쌀을 긁어 어버이날 줄 카네이션을 조화에서 생화로 바꿔본다. 하지만 이러한 시도는 어딘가에서 잘리곤 한다.

"담당하는 분도 어쩔 수가 없대요. 예산을 올리면 국회에서

다 잘린다고. 그래도 서울시의 3500원이 전국에서 가장 많이 주는 것이에요. 시대가 몇 년이 지났는데 아직도…. 국회의원들도 3500원짜리 밥 한 번 먹어보면 좋겠어요."

복지관 선생님들은 이름이 나가기를 원하지 않았다. 그런 말들이 혹시나 할머니들의 밥값에 영향을 미칠까 봐 걱정했다. 우리는 그들의 의심이 어디서 오는지 알면서도 그것을 부정할 이유를 대지 못했다.

빈곤한 식사는 바로 몸에 티가 난다. 서울 성북구에 사는 기초생활
수급자 이춘숙 할머니는 1년 새 몸무게가 60킬로그램에서 54킬로
그램으로 줄었다. 몸에 기운이 없어 움직이는 것도 힘이 달린다. 한
달 전엔 문턱을 넘다 발을 헛디뎌 넘어졌다. 코로나19가 유행하기
전에 할머니는 매일 복지관에 나와 다른 노인들과 함께 점심을 먹었
다. 사회적 거리두기가 강화되면서 식당 운영이 중단됐다. 대체식으
로 사흘간 먹을 분량의 레토르트 식품이 일주일에 두 번 나왔다. 아
무도 없는 집에서 '혼밥'을 하려니 좀처럼 입맛이 돌지 않았다. 밥맛
이 없거나 반찬이 떨어지면 할머니는 맨밥을 물에 말아 먹었다. 아
직 본격적인 연구는 없지만 코로나19 팬데믹도 저소득층 식생활에
큰 영향을 미쳤을 가능성이 크다. 삽화 전진이

무료 급식 대상자인 주영순 씨는 일주일에 두 차례 복지관에 가서
세끼 분량의 햇반과 즉석식품을 수령한다. 이웃 노인처럼 연락이 갑
자기 끊기거나 말없이 음식을 빌으러 나오시 않으면 복지관에서 즉
시 확인에 나선다. 혹시 모를 사고를 막고 고독사를 방지하기 위해
서다. 사진 권현구

혼자 먹는 밥

저소득층이 보내온 식사 사진에는 한 가지 공통점이 있었다. 아무도 누군가와 함께 밥을 먹는 식탁 사진을 보내오지 않았다는 것이다. 식사 사진의 3분의 2가 라면인 대학동 30대 남성도, 푸드뱅크 이용 자격이 갑자기 사라져 한숨을 쉬던 60대 여성도, 여름에는 매일 설탕국수를 먹는다는 가양동 임대아파트의 60대 남성도 약속이나 한 듯 1인분 식사가 담긴 사진만 보내왔다. 저소득층 25명을 인터뷰하고 그중 13명에게서 사진 129장을 받았는데 밥그릇 두 개와 수저 두 벌이 놓인 사진은 단 한 장도 없었다.

이들이 혼자 밥을 먹는다는 사실을 처음에는 당연한 것으로 받아들였다. 나는 저녁에, 주말에 가족과 함께 식사하면서도 그들이 혼자 먹는 것을 이상히 생각하지 않았다. 피트니스센터 트레이너의 권유로 찍어본 나의 식탁 사진에는 두셋이 함께 먹을 메인 음식이 담긴 큰 접시와 냄비가 있다. 그들의 밥상에는 그런 게 없었지만 나와 다르다는 생각이 든 건 사진을 받고 나서도 한참 뒤였다.

요즘 혼자 밥을 먹는 건 보기 드문 일도 이상한 일도 아니다.

과거에는 식당에서 혼자 밥 먹는 사람을 보면 쓸쓸해 보일 때가 많았다. 우연히 아는 사람이 혼자 밥 먹는 모습을 보게 되면 '무슨 일이 있나' 하는 생각이 들었다. 지금은 일종의 트렌드로 혼자 먹는 밥이 소비되고 있다. 혼자 식당에 가는 일이 익숙하지 않은, '아재'로 불리는 40대와 50대 남성들도 거침없이 '혼밥'을 한다.

혼밥 예찬론을 말하는 사람도 많다. 상대의 식성을 신경 쓰지 않고 자신이 좋아하는 음식을 먹을 수 있다는 점, 음식을 양껏 입에 넣고 우물거릴 수 있다는 점, 밥값을 누가 낼지 눈치 보지 않아도 된다는 점이 혼밥 찬양의 근거다. 스스로를 '혼밥러', 더 나아가 '프로 혼밥러'로 부르는 사람도 생기고 있다. '혼밥'으로 검색하면 나오는 수많은 유튜브 영상은 '너만 혼자 먹는 게 아니야'라며 혼자 식탁에 앉을 수 있는 용기를 불어넣는다. 지상파 TV 프로그램도 혼자 사는 사람의 일상을 관찰자 시점으로 보여준다. 이런 프로그램에서 혼밥은 매우 당연하고 자연스러운 것으로 취급된다.

시장도 이에 대응하고 있다. 식품 업체들은 일인용 밀키트와 냉동식품을 경쟁적으로 출시하고 있다. 전자레인지나 에어프라이어만 있으면 어떤 음식이든 혼자 집에서 먹을 수 있다. 음식 배달도 1인분, 2인분을 가리지 않는다. 일정 금액 이상이면 배달이 가능하고 그렇지 않더라도 배달비를 더 얹어주면 언제든 혼자 음식을 시켜 먹을 수 있다.

혼밥을 긍정하는 시도의 반대편에는 그것의 유해성을 경고하는 목소리가 있다. 혼자 밥 먹는 사람들이 많아지자 학계에선 수 년 전부터 혼밥이 건강에 미치는 영향에 관한 연구가 잇따르고 있다. 연구 결과는 예상하는 것과 비슷하다. 혼밥은 정신과 신체 건강 모두에 나쁜 영향을 미치는 것으로 나타난다. 서울대병원 연구팀은 2021년 대한가정의학회지에 실은 논문에서 혼자 저녁 식사를 하는 성인의 26.6퍼센트가 우울증 경험이 있다고 밝혔다. 가족과 함께 식사하는 사람의 우울증 경험 17.7퍼센트, 지인과 식 사하는 사람의 우울증 경험 18.4퍼센트보다 높은 수치다. 자살을 생각해본 비율도 혼자 저녁을 먹는 사람은 11.0퍼센트, 가족과 함 께 먹는 사람은 5.2퍼센트, 지인과 먹는 사람은 4.7퍼센트로 차이 가 났다. 2014년·2016년·2018년 국민건강영양조사에 참여한 성 인 1만 4093명의 응답을 분석한 결과다.

혼밥은 정신 건강뿐 아니라 몸 건강에도 좋지 않다. 혼자 밥을 먹는 사람이 비만 확률이 더 높다는 연구 결과가 있다. 연세대 세 브란스병원 연구팀은 2018년 저녁 식사를 혼자 하는 사람의 체 질량지수가 가족이나 지인과 함께 식사하는 사람보다 높은 것으 로 조사됐다고 밝혔다. 혼자 식사하는 그룹과 그러지 않은 그룹 의 체질량지수 차이는 20대와 30대에서 더 두드러졌다. 특히 혼 자 밥을 먹는 남성이 비만이 될 가능성이 더 컸다. 이 연구도 국 민건강영양조사 데이터에 기초했다.

아무리 혼밥이 홀가분하고 편해도 매 끼니를 스스로 원해 혼자 먹는 사람이 있을까. 2021년 개봉한 영화 '혼자 사는 사람들'의 주인공 진아는 매일 혼자 밥을 먹는다. 콜센터 상담사인 그는 일터에서 멀리 떨어진 식당에서 매일 같은 쌀국수로 점심을 먹는다. 밥을 같이 먹자는 신입 사원 수진의 말에 진아는 "전 혼자가 편해요"라고 말한다. 식당에 간 두 사람은 각자 키오스크에서 결제한다. 나란히 앉아 먹을 자리가 있지만 진아는 수진의 "선배님, 자리…" 소리를 무시하고 혼자 먹는다.

영화는 혼자 밥 먹는 것에 관한 진아의 진짜 생각을 후반부에서 보여준다. 며칠 만에 회사를 관둔 수진에게 전화해 진아는 "저도 혼자 밥 못 먹는 것 같아요. 못 챙겨줘서 미안해요"라고 사과한다. 사실 진아의 속내는 그가 혼밥을 하는 첫 장면에 암시돼 있다. 진아는 스마트폰에 다른 사람이 식사하는 '먹방'을 틀어놓고 밥을 먹는다. 몸은 혼자이지만 마음으로는 누군가와 함께 밥을 먹고 있었던 것이다.

매 끼니를 스스로 원해 혼자 먹는 사람은 없다고 봐야 한다. 하루 한 끼는 몰라도, 일주일에 두세 끼는 몰라도 삼시 세끼를 전부 다 홀로 먹고 싶은 사람은 없다. 그렇지만 현실에는 일주일 내내, 한 달 내내 혼자 먹는 사람이 많다. 여러 이유가 있을 수 있지만 기본적으로 그것은 그들이 가난하기 때문이다.

혼밥과 사회 경제적 요인 사이의 관계를 따진 연구는 흔하지 않지만 있어도 크게 주목받지 못했다. 낭만적으로 소비되는 혼밥이 빈곤의 표상으로 여겨지면 불편하기 때문일까. 연세대 세브란

스병원 박은철 교수 연구팀은 2018년 보고서에서 혼자 밥 먹는 사람의 식사 질이 다른 사람과 함께 밥 먹는 사람보다 낮은 것으로 조사됐다고 밝혔다. 더 나아가 소득과 교육 수준 등이 낮을수록 혼밥을 하는 사람의 식사 질도 낮다고 설명했다. 한국보건사회연구원의 2020년 보고서도 소득이 낮은 청년일수록 혼자 밥 먹는 비율이 높다는 연구 결과를 내놨다. 가구 월 소득이 200만 원 미만인 집단의 청년은 혼밥 비율이 9.5퍼센트였던 반면 가구 소득 600만 원 이상인 집단의 청년은 같은 비율이 1.6퍼센트였다.

우리가 만난 사람들도 그랬다. 서울 강북구의 한 고시원에서 혼자 사는 예순세 살 김종환 씨가 보내온 사진 13장도 모두 1인분 식사였다. 이혼하고 가족과 떨어져 사는 그는 일주일 식사를 모두 혼자 해결했다. 고시원에서 음식을 만들어 먹을 때도, 식당에서 음식을 사 먹을 때도 식탁에는 한 사람 분량만 있었다.

고시원은 그가 좋아하는 생선을 해 먹기 어려운 환경이다. 환기가 잘되지 않는 주방에서 생선을 구우면 다른 방으로 냄새가 들어간다. 어쩌다가 구운 생선 냄새가 미안해도 그는 다른 방 사람과 생선을 나눠 먹지 않는다. 오히려 같은 고시원에 사는 사람과 거리를 두려고 한다. 그해 벌써 몇 차례 방에서 사람이 숨진 채 발견된 적이 있었다. "여기 사람 중에는 (음식을) 나눠 먹을 사람도 별로 없어요. 될 수 있으면 같이 어울리지 않으려 하니까."

고시원에 혼자 살면 과일을 잘 먹지 못한다. 돈이 없어서이기도 하지만 과일을 보관할 만한 곳이 없는 게 더 문제다. 과일은 조금씩 사면 비싸고 많이 사면 둘 곳이 없다. 냉장고는 너무 작아서 그가 가끔 해 먹는 멸치볶음과 새우젓호박볶음 같은 반찬을 보관하기도 힘들다. 이곳에서 과일을 먹기에는 겨울이 더 좋은 계절이다. 귤은 많이 사놔도 잘 상하지 않는다. 아침에 먹으면 건강에 좋다는 사과도 7개를 5000원에 사두면 상하는 것 하나 없이 다 먹을 수 있다. 여름에는 상할까 봐 과일을 사지 못한다. 인터뷰할 당시 그는 포도를 한 번도 못 사 먹고 2021년 여름을 보내고 있었다.

종환씨 식사 사진을 보면 그가 얼마나 철저히 혼자 먹고 있는지 알 수 있다. 그의 집밥은 빠짐없이 스테인리스 식판에 담겨 있었다. 나중에 식사 사진을 본 식품영양학과 교수들은 '이분은 누군가에게 교육을 받은 것 같다'고 칭찬했다. 식판에 밥을 먹으면 칸을 골고루 채워야 한다는 생각이 들어 좀 더 다양하게 먹게 된다는 것이다. 그렇지만 식판에 밥을 먹게 되면 '숟가락 하나만 더 놓으면' 누군가와 함께 밥을 먹을 수 있는 상황은 기대하기 어렵다.

종환씨를 찾아갔을 때 그는 기분이 좋았다. 다음 달이면 한국토지주택공사 도움으로 전셋집으로 이사한다고 했다. 1년만 지내면 나갈 줄 알았던 고시원에 들어온 지 8년 만이었다. 조건부 기초생활수급자로 성실히 자활근로를 해온 덕분이었다. 종환씨는 이제 옆방에 퍼질 냄새를 신경 쓰지 않고 생선을 구울 수 있다. 주거 형편이 달라진 그는 지금 누군가와 함께 밥을 먹고 있을까, 아니면 여전히 일인용 스테인리스 식판을 쓰고 있을까.

어쩔 수 없이 혼밥을 하는 사람 중엔 함께 식사할 가족이 없는 경우도 있다. 우리가 만난 중장년 남성은 이혼하고 혼자 사는 사람이 많았다. 식사에 관한 취재였으므로 왜 이혼했는지 적극적으로 묻지 않았다. 다만 과거를 설명하는 그들의 말과 표정에서 이혼한 이유를 눈치 챌 수 있었다.

한 남성은 "가정사를 구체적으로 말씀드리기는 그렇지만 가정이 깨졌다. 이곳에 오기 전 크게 충격받은 일이 있었다"고 말했다. 그는 재산을 아내 이름으로 해둔 일을 후회하는 눈치였다. 다른 남성은 "내가 큰 사고를 쳐 이혼했다"고 털어놨다. 또 다른 남성은 사업 실패가 이혼 이유 중의 하나인 것 같았다. 그는 "얼마 전에 잘 아는 분이 나를 생각해 추천한 사업이 있었는데 3000만 원이 없어 정말 좋은 재기 기회를 놓쳤다"고 말했다.

그들과의 인터뷰 기록을 보면서 '좀 잘하시지' 같은 생각이 든 것도 사실이다. 그렇지만 개인마다 다른 사연이 있고 각자는 할 말도 변명도 많을 것이다. 한두 시간 대화를 통해 들은 내용으로 그들을 비난하기 어렵고 옹호하기도 힘들다.

사회가 주목해야 하는 지점은 가정이 해체된 이후다. 가족이라는 공동체가 무너져 혼자가 된 그들에게 속할 다른 공동체는 없다. 이는 우리가 만난 다른 저소득층도 마찬가지였다. 남편과

사별하고 혼자 사는 할머니들, 지방에서 상경해 서울 지역 대학을 다니는 청년들. 그들은 스스로 원해 혼자 밥을 먹고 있는 것이 아니었다.

오랫동안 결식 계층을 도와온 성공회푸드뱅크 대표 김한승 신부는 식사 빈곤 문제의 초점이 결식 그 자체에서 밥상 공동체의 해체로 옮겨 가야 한다고 말한다.

"혼자 먹는 사람들이 결식을 많이 하거든요. 끼니를 거르거나 먹더라도 영양을 고려하지 않고 단출하게 즉석식 같은 걸 먹어요. 거기서 고립감과 외로움, 영양 불균형 같은 문제가 생기고요. 그러면서 (혼자 밥 먹는 것이) 과거보다 훨씬 중요한 일이 됐습니다. 밥이 있느냐 없느냐에서 (함께 밥을 먹는) 밥상으로 문제가 옮겨간 거죠."

어쩔 수 없이 혼밥을 하는 사람들의 문제는 밥상 공동체를 회복해 해결해야 한다. 혼자 밥 먹는 사람을 밖으로 끌어내 여러 사람이 앉는 식탁에 앉혀야 한다. 그런 공동체를 만들려는 노력이 대학동 등 일부에서 시도되고 있지만 얼마나 성공을 거둘 수 있을지 모르겠다. 빈곤층 식사에 대한 국가 차원의 관심은 아직 거기에까지 이르지 못했다.

조건부 기초생활수급자인 김종환 씨의 주식은 비빔밥이다. 계란프라이, 호박볶음, 가지나물, 부추김치, 오이무침 등을 한 그릇에 담아 먹는다. 종환씨는 비빔밥을 두고 '만찬'이라고 표현했다. 또 고시원에서는 자신이 반찬을 제일 잘 해 먹는 축에 속한다고 했다. 일주일 내내 비슷한 형태의 비빔밥을 먹었다. 그의 식단은 8개 영양소를 충분히 섭취하지 않은 것으로 평가됐다. 특히 과일군과 유제품군 섭취가 부족했다. 사진 김종환

박민석 씨가 평소 찾는 대학동 식당의 메뉴판. 29개 메뉴 중 5000원이 넘는 것은 7개뿐이다. 민석씨는 주로 3500원짜리 순두부찌개를 먹는다. 지금 사는 고시원엔 조리 도구도 요리할 공간도 없다. "대학에 가지 않고 편의점 알바와 생산직 등 이것저것 다 해봤어요. 그러다 노무 관련 일을 하고 싶어 여기로 왔어요." 사진 박민석

1000원이 불러온 변화

저소득층이 충분한 영양을 섭취하지 못한다는 사실은 인터뷰와 그들이 보내준 사진을 통해 확인됐다. 하지만 영양가 있는 식사를 할 수 있게 지원할 방법을 현장에서 찾기는 어려웠다.

여윳돈이 생겨도 식비에 쓰지 않겠다고 했다. 식사는 후순위였다. 청년들은 자신의 몸이 망가지더라도 식비를 아껴 미래에 투자하고 싶어 했다. 아픈 아이를 둔 엄마는 혹시 입원하게 될 상황에 대비해 돈을 모으고 있었다. 이들에게 현금성 지원을 하는 것이 더 나은 식사로 이어지리라는 확신이 들지 않았다. 우선순위에 있는 다른 욕구들이 모두 충족되고 나서야 영양가 있는 식사에 관심을 가질 것이 확실했다.

질문에 대한 답을 찾는 데 도움을 준 것은 서울시복지재단이 2019년 내놓은 '서울시 어르신 식사배달 사업 개선방안 연구'다. 재가 노인 120명에게 6개월간 맞춤형 도시락을 제공하는 사업을 진행하며 건강 상태가 어떻게 변화하는지 관찰한 내용을 담은 보고서다.

평균 80.9세인 이들은 한 달 평균 53만 2000원 수입이 있었다. 대부분 기초생활수급 생계급여나 기초연금으로 나오는 돈이다. 그중 절반이 안 되는 25만 2000원을 식비에 썼다. 직접 보지 않아도 그들의 식탁이 어떨지 머릿속에 그려졌다. 나라미로 지은 찰기 없는 밥에 마른반찬, 장아찌, 김치 등이 놓일 것이다.

이들의 90.4퍼센트는 허약 집단으로 구분됐다. 55.8퍼센트는 우울 증상을 경험한 것으로 나타났다. 한국 사회 노인들의 평균 수치에 비해 훨씬 높은 비율이다. 보건복지부가 발표한 2020년 노인실태조사에 따르면 전체 노인의 13.5퍼센트가 우울 증상을 보였고 8.8퍼센트가 영양 관리 개선이 필요한 상태였다. 시범 사업 대상자로 선정된 노인 120명은 경제와 심리 면에서 모두 취약한 상태였다.

신체적 건강도 좋지 않았다. 허약 집단으로 분류된 노인들은 평균 2.7개 질병을 앓고 있었다. 92.5퍼센트는 고혈압, 33.1퍼센트는 당뇨, 27.9퍼센트는 관절염에 시달렸다. 68.3퍼센트는 치아가 손상돼 음식물을 씹는 데 불편함을 느꼈다.

서울시 시범 사업의 핵심은 배달하는 도시락을 맞춤형으로 구성한 부분이다. 대상자의 건강 상태를 고려해 만성질환식, 신장질환식, 저작곤란식 세 가지 도시락을 만들었다. 만성질환식은 고혈압이나 당뇨 증상을 완화하기 위해 저당질과 저염식으로 조리했다. 저작곤란식은 치아가 약하거나 없어 씹기 어려운 노인을 위한 음식을 뜻한다. 만성질환식처럼 저당질과 저염식으로 조리하되 씹기 쉽게 반찬을 다져 만들었다. 신장질환식은 소금 함량을 더 낮춰 저염 조리를 했다. 또 칼륨 함량이 적은 채소를 삶아 조리하고 단백질도 적절히 제공했다.

맞춤형 도시락은 평일에 한 번 제공됐다. 하루 세 끼 중 한 끼에 변화를 주는 사업이었다. 도시락을 제공하기 어려운 주말에는 도시락을 대체할 식품을 금요일에 전달했다. 한 달에 한 번 영양사가 가정을 찾아 영양 및 위생 상담도 병행했다. 신경을 쓴 도시락을 계속 제공하는 것은 한계가 있으니 시범 사업이 끝나더라도 이전 식사로 돌아가지 않게 하기 위한 교육 차원이었다.

맞춤형 도시락을 6개월 동안 꾸준히 제공하자 대상자들의 건강이 눈에 띄게 개선됐다. 측정된 결과는 시범 사업 연구팀이 예상했던 것보다 훨씬 더 긍정적이었다. 도시락 서비스에 대한 만족도는 5점 만점에 4.72점으로 나타났고 대상자들의 신체와 정신에서 변화가 보였다. 시범 사업을 진행한 김정현 서울시복지재단 정책연구실 연구위원은 대상자들의 신체가 즉각적으로 개선된 것을 보고 놀라워했다. "나빠지지만 않아도 다행인 게 노인 분들의 건강이에요. 6개월밖에 안 됐는데 생각보다 효과가 좋았어요."

시범 사업 전에 17명으로 꼽힌 영양 불량군도 9명으로 줄었다. 허약 집단도 90.4퍼센트에서 79.2퍼센트로 감소했다. 단백질과 지방, 비타민 D, 비타민 C, 엽산, 칼슘, 철분, 리보플라빈 등 거의 모든 영양분의 섭취가 개선됐다. 혈중 콜레스테롤에서도 경계치 비율이 13.4퍼센트에서 9.8퍼센트로, 위험 구간 비율이 8.4퍼센트에서 3.8퍼센트로 낮아졌다.

매일 한 끼 온전한 식사를 확보할 수 있다는 안도감은 우울 증상도 완화시켰다. 우울 증상이 관찰된 이들의 비율이 55.8퍼센트에서 16.7퍼센트로 크게 줄었다. 시범 사업은 그동안 식사 취약계층이 얼마나 심각한 영양 불균형 상태에 있었는지를 역설적으로 보여준다.

'기적'에 가까운 개선을 이끌어낸 건 단돈 1000원이었다. 맞춤형 도시락은 기존 도시락 예산인 끼니당 3500원보다 딱 1000원이 더 들어간 도시락이었다. 호화스러운 도시락 반찬이 제공된 것이 아니었다. 탄수화물, 단백질, 지방의 비율을 고려하고 먹는 사람의 식습관을 반영한 평범한 집밥이었다. 대상자들에게 제공된 도시락의 예시는 다음과 같다.

2019년 9월 23일: 잡곡밥·찹쌀백미밥, 돼지갈비곤약찜, 죽순파프리카볶음, 깻잎치커리샐러드, 단무지, 건애플망고, 유산균

2019년 9월 24일: 잡곡밥·찹쌀백미밥, 동태무조림, 표고버섯야채볶음, 얼갈이나물, 김치, 구운달걀, 유산균

2019년 9월 25일: 잡곡밥·찹쌀백미밥, 훈제오리채소볶음, 치커리파프리카샐러드, 도토리묵, 간장, 김치, 유산균, 그린비아

2019년 9월 26일: 잡곡밥·찹쌀백미밥, 우불고기부추볶음, 양배

추쌈, 파프리카양파무침, 김치, 유산균, 홍삼
원

2019년 9월 27일: 잡곡밥·찹쌀백미밥, 미역국, 삼겹살채소볶음,
종합어묵조림, 아욱나물, 김치, 유산균

2019년 9월 28~29일(주말 대체식): 백미햇반, 비비고 닭곰탕, 강
된장보리비빔밥 컵밥, 연두부, 양반김

무료 급식과 영양사

서울시에 있는 216곳 노인복지관, 종합사회복지관, 재가노인
지원센터, 사회복지법인에서는 지금 2만 7063명에게 무료 급식
을 제공하고 있다. 시범 사업은 이곳의 기존 시스템을 활용하면
서 한 끼당 예산 1000원을 더 확보하면 누구나 건강한 식사를 할
수 있다는 걸 증명했다.

만약 무료 급식이나 도시락을 주는 대신 이들에게 매일 4500
원을 주고 한 끼를 챙겨 먹게 했다면 어떤 식사가 가능했을까.
4500원은 제대로 된 한 끼를 사 먹는 데 턱없이 부족한 돈이다.
밥과 국, 반찬이 골고루 나오는 백반집은 가지 못할 것이다. 대상
자들에게 4500원을 직접 주면 편의점에서 컵라면과 김밥을 사
먹거나 국숫집에서 가장 저렴한 잔치국수 같은 메뉴를 먹었을 것
이다. 서울시 시범 사업에서 일인당 4500원으로 만든 식사는 그
보다 훨씬 그럴듯했다. 밥과 고기반찬, 나물 반찬, 김치, 유산균

등이 골고루 제공됐다.

시범 사업을 수행한 영양사 오예원 씨는 그 비결이 인건비에 있다고 말했다. 인건비를 별도로 지원받고 4500원은 오로지 재료비에 쓰면서 건강한 식사를 제공할 수 있었다는 설명이다. 예원씨는 서울 한 노인복지관에서 근무 중이다.

"시립 복지관은 (영양사와 조리사 등의) 인건비 지원을 받아요. 그리고 비영리 단체죠. 그러니까 4500원을 오롯이 재료비에 쓸 수 있는 거예요. 내가 기업에 있을 때는 예산의 60~65퍼센트를 식재료에 쓰고 나머지는 인건비와 전기료 등에 들어갔어요. 60 퍼센트도 많이 쓰는 편이었을 걸요. 그나마 여기는 비영리 단체니까 4500원을 모두 재료비에 쓸 수 있는 거예요."

예원씨는 병원, 학교, 요양원, 기업, 365 업장 등에서 영양사로 근무했다. 그는 그중 노인복지관의 인력 부족이 가장 심각하다고 말했다. 365일 가공이 멈추지 않는 공장의 구내식당처럼 매일 매끼니를 모두 제공하는 365 업장보다 노인복지관이 업무 과중이 심해 힘들었다는 것이다. 그는 처음 노인복지관 근무를 시작하고 2년 반 동안 주 6일 근무했다.

그가 근무하는 노인종합복지관의 경로식당을 찾는 노인은 하루 평균 550명. 일요일을 제외하고 매일 여는 경로식당의 식사를 준비하려면 쉴 틈이 없다. 평일에는 110명에게 전달할 도시락도 챙겨야 한다.

시범 사업 수행 기관으로 선정되면서 복지관에는 영양사 1명과 조리보조원 1명이 추가로 배치됐다. 그제야 550명 식사를 챙길 사람이 영양사 2명과 조리사 3명으로 늘었다. 서울시는 50인 이상 식사를 제공하는 경로식당 등에 영양사 1명의 인건비, 300명 이상인 곳에 조리보조원 1명의 인건비를 각각 지원한다. 조리보조원 1명을 지원받으려면 300명분 식사를 더 준비해야 하는 셈이다.

예원씨가 110명을 위한 도시락 식단을 짜면 조리사는 새벽 내내 밥과 국, 반찬을 조리한다. 노인일자리사업에 참여해 일하는 어르신과 자원 봉사자가 함께 도시락에 음식을 담으면 아침 8시. 숨 돌릴 틈이 없다. 조리사 3명이 점심에 나갈 550명분의 밥, 국, 반찬을 곧바로 준비한다. 시범 사업이 끝나면 다시 예원씨와 조리사 2명이 남아 660명 식사를 책임질 것이다.

인력이 부족해도 식사를 제공할 수는 있다. 신선한 재료로 신경 써 만든 식사 대신 레토르트 식품이나 반조리 식품을 제공하면 된다. 준비하는 사람은 편해지지만 식사의 질은 낮아진다. 무료 급식도 제대로 하려면 충분한 사람이 필요하다.

"간단히 생각하면 파는 음식을 사서 주면 되잖아요. 일주일에 한 사람당 2만 1000원이잖아요. 시장에 한번 가봐요. 2만 1000원으로 여섯 끼를 먹을 수 있나. 그걸 어떻게 맞춰요. 못 맞춰요. 그 돈에 맞추다 보니 우리가 몸이 힘들 수밖에 없어요. 서너 가지 반찬을 만들고 두 가지 정도 훈제오리 같은 완제품을 끼워 내보내요. 레토르트 카레를 드릴 땐 같이 끓여 드시라고 감자나 당근 같은 걸 썰어 드리죠."

　노인 한 사람에게 배정된 일주일 치 급식 예산은 2만 1000원(3500원×6일). 하루 한 끼 식사를 위한 예산이다. 하지만 무료 급식을 받는 노인들은 이 도시락이 하루의 유일한 식사인 경우가 많다. 아침을 거르고 점심에 도착한 도시락을 쪼개 점심과 저녁에 걸쳐 두 끼로 나눠 먹는다. 그런 사정을 잘 아는 예원씨는 넉넉한 도시락을 챙기기 위해 애쓴다. 일주일에 김치 1킬로그램과 고기 1킬로그램이 돌아갈 수 있게 하는 게 목표다. 이를 위해 식자재 납품 회사에 읍소와 협박을 반복한다.

　"(식자재 회사 측에) 항상 손해 보지 않는 선에서 최저 마진만 생각하고 납품해야 한다고 설명해요. 어떻게든 납품할 생각에 마진을 따지지 않고 들어오다간 정말 쪽박 차는 경우가 생겨요. 우리는 한 번 주문할 때 100킬로그램씩 하는데 그러면 업체 입장에선 수백만 원씩 손해를 보는 거예요. 그렇게 1년간 납품하면 업체는 어떻게 되겠어요. 납품하려고 단가를 낮추지 마시라, 가능한 단가를 쓰되 마진을 최대한 적게 잡아주시라, 나는 항상 그렇게 말씀드려요."

　모든 영양사가 예원씨처럼 원가를 관리할 수 있는 것은 아니다. 좋은 재료를 값싸게 확보하는 일이 익숙지 않은 초보 영양사가 맡으면 복지관에선 덜 영양가 있는 식사가 만들어질 수 있다. 영양사 개인의 역량과 노력에 따라 식사의 질이 결정되는 셈이다.

　복지시설의 장이 얼마나 무료 급식에 관심을 갖는지도 중요하다. 예원씨가 일하던 복지관의 관장은 코로나19 유행 이후 외부 후원을 이전보다 많이 끌어 왔다. 복지관의 경로식당이 폐쇄되면 노인들이 식사를 제대로 못 할 것을 예상하고 도시락 수량을 늘리기 위해서였다.

영양 취약 계층의 식사에 관여하는 사람들은 업무 수행 차원 이상의 선의를 발휘했다. 더 나은 식사를 위해 예원씨는 아침 7시에 출근해 오후 6시에 퇴근하는 주 6일 근무제의 일상을 견뎠다. 자원 봉사자는 기꺼이 도시락을 배달했다. 식자재 업체 사장들은 이익을 최소화하고 재료를 납품했다. 서울시복지재단의 시범 사업은 1000원의 추가 예산 투입과 인력 보충이 어떠한 변화를 가져오는지 보여줬다. 특정 지역에 국한된 시범 사업으로 끝나기에는 아쉬운 사업이다. 선의에만 기댄 식사는 언제든 사라질 수 있다.

지역 저소득층 노인에게 배부될 음식 꾸러미가 서울 성북구 생명의
전화종합사회복지관에 모여 있다. 지역 내 무료 급식 대상 노인들
에게 배부한 사흘 치 분량의 음식(오른쪽). 이 복지관은 매일 한 끼씩
제공하던 무료 급식을 코로나19 확산 이후 간편조리식과 즉석식품
등으로 바꿔 지급하고 있다. 현장에서 느껴지는 밥상의 온도는 여전
히 차갑다. 정부는 지방자치단체에, 지방자치단체는 종교 단체와 사
회복지관 같은 비영리 민간단체에 실질적 운영을 떠넘긴다. 저소득
어르신 식사 지원 사업은 2005년 중앙정부에서 지방정부로 이양됐
다. 서울시의 어르신 한 끼 식사 예산은 3500원. 설과 추석 등 연 7
회 나오는 특식비는 4000원이다. 식사 지원 대상에 자리가 나려면
기존 등록된 어르신 중 한 명이 이사를 가거나 돌아가셔야 하는 구
조다. 사진 권현구

가난은 항상 숨어 다닌다

서울 월곡동에 사는 주영순 할머니는 2021년 여름 나라에서 오래 살라고 집에 에어컨을 놔줬다. 서향집은 해 질 녘에 붉게 달아올랐고 벽은 밤에도 뜨끈뜨끈했다. 여든 넘은 할머니는 더워서 쉽게 잠들지 못했다. 오밤중에 집 밖에 나와 앉아보기도 했지만 이내 집으로 들어갔다. 그러고 다시는 밤에 나오지 않았다. "동네 부끄러워서 그렇지. 노인네가 한밤중에 청승맞게 그렇게 있으면 남들이 욕할 것 아냐."

에어컨이 없을 때 주영순 할머니는 그냥 견디고 버텼다. 너무 더우면 얼린 생수통을 안고 잤다. 아침이 되면 생수통이 미지근해졌다. 나라에서 놔준다는 에어컨이 소식이 없자 할머니는 젊은 사람을 몰아세웠다. "거짓말쟁이라고 막 뭐라 그랬더니 지난달에 와서 놔줬어. 나도 미안하지. 찾는 사람이 많아서 그랬을 텐데."

여름을 80번 넘게 경험한 할머니는 서향 반지하 집 더위 앞에서 결국 독해졌다. 집주인이 이사 가라고 하면 에어컨을 떼어 나갈 것이다. 그렇다고 정말 나가라고 하면 큰일이다. 보증금 4000만 원에 월세 10만 원을 내고 있지만 집주인은 9년간 집세를 올

리지 않았다. "요즘 그 돈으로 얻을 수 있는 집이 없어. 반의 반지
하도 없어. 진짜 갈 데가 없어." 할머니는 그래서 조용히 살면서
에어컨을 아주 잠깐만 켠다. 그것만으로도 좁은 집은 금세 시원
해진다.

같은 월곡동에 사는 이춘숙 할머니의 집엔 가스레인지에 불
이 붙지 않는다. 원인은 모른다. 애초부터 남이 버린 걸 주워다 썼
는데 불이 붙지 않는 이유를 설명해줄 사람은 할머니 곁에 없다.
할머니는 남이 버린 가스레인지도 한참 켜보면 불이 붙을 수 있
다는 것을 알았다. 하지만 가스레인지는 얼마 못 가 고장이 났고
그 사실을 3년 동안 누구에게도 얘기하지 않았다. "그걸 어떻게
얘기해. 나는 못 하지. 자존심 상하고 창피해서."

동네 복지관에서 이춘숙 할머니를 만났을 때 그의 손에는 복
지관에서 준 햇반 두 개와 오이냉국, 비닐포장에 담긴 미역국과
햄야채볶음밥, 김이 들려 있었다. 그날은 복지관이 저소득층 어
르신을 상대로 대체식을 배부하는 날이었다. 복지관에 말하면 젊
은 선생님들은 가스레인지를 구해줄 것이다. 가스레인지를 살 돈
이 있는지, 남아도는 가스레인지가 있는지, 혹시 안 쓰는 가스레
인지를 줄 사람이 있는지 등을 차례로 따져보며 할머니가 집에서
국이라도 끓여 먹게 할 것이다. 할머니는 그 과정이 진행되는 것
을 상상해본 듯이 손사래를 쳤다. "가스레인지는 뭐 어떻게 할 도
리가 없지. 내가 돈 주고 사지 않는 이상은."

할머니는 가스레인지 이야기를 매듭짓지 않고 대체식을 챙겨

복지관을 나가버렸다. 한국전쟁을 겪은 할머니는 남편 없이 30년 넘게 시장에서 장사하며 아들과 딸을 키웠다. 그래도 가스레인지에 불이 붙지 않아 집에서 아무것도 못 해 먹는다는 말을 하지 못한다.

작은 스마트폰 화면 속에서 우리는 부자와 빈자의 풍경을 자유롭고 안락하게 본다. 유튜브 알고리즘은 노량진 컵밥이 가난한 공시생의 유일한 하루 식사라는 것을 4분짜리 영상으로 일깨워준다. 돈이 없는 대학생이나 사회 초년생을 위한 하루 세끼 1000원 식단은 조회 수가 꽤 높다. 한 유튜버는 '라면 끓이는 팁' '밥 말아 먹었을 때 맛있는 라면 1위' '오래 연구한 가성비 식단'을 설명했다. 라면에서 면만 먹고 다음 끼니를 위해 국물을 남길 경우 물을 먹으면 좀 든든할 것이라고 했다. "위 안에서 불어서 포만감이 들 거예요." 그 유튜버는 남은 국물을 5시간 뒤 햇반에 말아 먹는 장면을 보여줬다. 댓글에는 "17세 여자 고딩이 명품 쇼핑하는 브이로그를 보다가 이 영상이 떴네요. 인생이란 뭘까"라는 문장이 달렸다.

알고리즘은 가난을 극복하는 방법도 안내한다. '나도 모르게 가난해지는 습관들' '가난할수록 살찌는 충격적인 이유'를 주의 깊게 보며 우리는 생활 습관을 점검하고 허리를 바로 세운다. 영상 속 빈곤은 악순환이자 그림자이고 상속이자 수렁이다. 가난한 남매가 식당에서 음식을 1인분만 시켰을 때 벌어지는 일도 유튜브는 보여준다. 초등학교 저학년 오빠와 여동생은 식당에 들어가 음식을 하나만 주문한다. 주인과 직원들은 웅성거리다 서비스로 여러 음식을 듬뿍 내어줬다. 오빠와 여동생은 자신들이 몰래카메라를 위한 아역 배우임을 밝히고 얼마 지나지 않아 식당 주인과 웃으며 사진을 찍었다. '훈훈한 가난'은 조회 수가 높고 악플이 없었다.

가난은 그래서 쉽게 찾을 수 있을 것 같았다. 무작정 길거리 캐스팅에 나선 어느 날이었다. 형편이 어려운 사람을 찾아 당신의 밥상을 보여달라고 말할 계획이었다. 소나기 예보가 있던 오후였다. 서울의 한 영구 임대아파트 단지 앞에 섰다. 단지 한가운데에 커뮤니티 센터가 있었다. 사회복지관이었다. 단지 상가 내 휴대폰 할인 매장에선 모든 통신사에서 무료 스마트폰을 준다는 광고를 내걸었다. 간판에는 형형색색으로 '기초수급' '노령연금' '장애수급'이라는 글씨가 적혀 있었다. 단지 정문 앞 벤치에는 한 남성이 누워 있었다. 날은 무척 더웠고 남성의 바지는 무릎 아래로 내려가 있었다. 살색 엉덩이의 반대편에는 놀이터가 있었다. 할아버지와 할머니들이 삼삼오오 정자에 모여 앉아 손부채를 부쳤다. 제일 구석진 정자에선 중년 남성 서넛이 주저앉아 막걸리를 마시며 족발을 먹었다. 막걸리는 마신 병이 마시지 않은 것보다 많았고 족발은 양이 푸짐했다.

소설가 김애란은 단편 소설 '나는 편의점에 간다'에서 "당신이 만약 편의점에 간다면 주위를 잘 살펴라"고 적었다. 한 여자가 편의점에서 물을 산다면 그것은 약을 먹기 위함이고, 한 남자가 면도날을 산다면 손을 긋기 위함이며, 한 소년이 휴지를 살 때는 눈물을 닦기 위함일지도 모른다고 작가는 썼다. 나는 그날 단지 안 매미가 어떻게 울었는지, 베란다에 내걸린 에어컨 실외기들은 왜 돌아가지 않는지 아무것도 묻지 않은 채 아파트 외곽을 두세 바퀴 돌다가 소나기가 내리기 전 지하철역으로 들어갔다. 영구 임대아파트는 네이버 부동산에서도 시세가 표시되지 않는다는 것을 그날 알았다. 국수 면을 삶아 물과 설탕에 말아 먹어 한 끼를 해결하는 남승원 씨가 그 아파트에 살고 있다는 것은 나중에야 알았다.

가난한 방문이라고 아무렇게나 열어선 안 된다는 것도 알게 됐다. 대학동에서 만난 이승수 씨는 수년째 살고 있는 자신의 고시원 방으로 날 안내했다. 건물 외벽은 군데군데 벽돌이 깨져 있었고 승수씨는 고시원의 주인이 아니다. 건물 안에는 창문이 있었지만 시트지로 촘촘히 틀어막아 빛이 들지 않았다. 컴컴한 계단을 오르는데 흰 전지에 큼지막하게 쓰인 게시문이 제일 먼저 눈에 띄었다.

"방문 열지 마세요. 빈방이라도 열지 마세요. 문을 여는 건 범죄인 거 아시죠? 지금 살고 있는 방만 내 것. 고시원 전체가 내 것은 아닙니다. 어제 열어본 방에 오늘은 사람이 살고 있습니다. 제발 문을 열지 마세요."

어두운 복도를 따라 문 닫힌 방들이 빼곡히 늘어서 있었고 안에는 사람이 있는 것 같았다.

승수씨는 점심을 먹기 위해 방 한편에 밥과 강된장, 마늘장아찌, 어묵멸치볶음, 배추김치를 펼쳤다. 플라스틱 용기를 열자 음식들이 내뿜는 냄새가 복도를 채웠다. 방에 두 사람이 서 있을 만한 공간이 없고 그렇다고 밥을 먹는 승수씨가 나올 수 없었으므로 사진기자가 복도로 나와 그 모습을 담았다. 쉰네 살 승수씨는 대학동에서 10년간 살면서 방문을 열고 밥을 먹은 적이 한 번도 없다. 틈새로 넘어오는 음식 냄새를 그의 이웃이 정겹게 느꼈을지 알지 못한다. 한 사람이 밥을 먹을 때 그 사실을 다른 사람이 증오하게 되는 공간이라면 그곳을 집이라고 할 수 있을까. 승수씨는 그것을 어느 누구와도 이야기해본 적이 없다. 그들은 모두 살고 있는 방 안에 있다. 어느 누구의 방도 열어선 안 된다. 비록 음식 냄새가 느껴지더라도.

이승수 씨는 책상 의자에 플라스틱판을 얹어 식탁을 만들어서 점심을 먹는다. 반찬을 꺼내면 강된장과 마늘장아찌, 어묵멸치볶음, 배추김치 냄새가 고시원 복도에 퍼진다. 그는 2020년 당뇨 판정을 받아 합병증으로 다리 신경이 손상됐다. 어려운 처지를 인정받아 기초생활수급자가 됐지만 수급비 가운데 절반 가까운 돈이 방값으로 나간다. 사진 최종학

죽은 자의 마지막 음식

2021년 7월 어느 날 서른여섯 살 이명호 씨가 서울 용산구 한 다세대주택에서 숨진 채 발견됐다. 방에서 스스로 목숨을 끊은 지 2주가 지나서였다. 명호씨가 방치된 2주 동안 낮 최고 기온은 30도를 넘나들었다. 시체가 부패하면서 나온 악취가 좁은 방을 덮었다. 뒤늦게 소식을 접하고 지방에서 올라온 나이 든 부모는 현실을 받아들이지 못했다. 주변 사람들에겐 아들의 죽음을 사고사로 알렸다. 그리고 죽은 자의 집을 청소하는 특수청소업체 '스위퍼스'를 찾았다. 부모는 길해용 스위퍼스 대표에게 사망 현장을 정리하고 남은 짐을 모두 치워달라고 했다.

서류상 명호씨의 사인은 자살과 고독사다. 일반적으로 사망한 지 사흘(72시간)이 지나 발견되면 고독사로 분류된다. 하지만 이런 명칭은 죽음의 외관만을 설명한다. 명호씨가 스스로 세상을 등진 진짜 이유는 알 수 없다. 그가 남긴 메모와 물건으로 미루어 짐작할 뿐이다. 우리는 경기도 파주 스위퍼스 창고에 보관된 유품을 통해 그의 인생 경로 일부를 들여다볼 수 있었다.

명호씨는 수년 전부터 생활고에 시달려온 것으로 보였다. 방에서 나온 다이어리에 임시 미화원이나 모텔 카운터 아르바이트를 모집하는 공고 내용이 빼곡히 적혀 있었다. 일용직 인력 소개 업체와 노숙인 임시 보호시설 명함도 다이어리 사이에 끼워져 있었다. 명호씨 이름이 적힌 명함도 한 장 있었다. 한때 재직했던 것으로 보이는 회사 명함에는 'wellness coach(웰니스 코치)'라는 직책이 표기돼 있다. 웰니스 코치의 사전적 의미는 '육체와 정신 모두 건강한 삶을 유지할 수 있게 도와주는 일'이다. 회사 이름을 인터넷에서 검색해보니 네트워크 마케팅 기업이 나왔다. 각종 건강식품을 다단계 방식으로 판매하는 곳이었다.

명호씨는 다이어리에 고된 삶을 기록으로 남겼다. 그의 생전 식생활과 극단적 선택의 이유를 조금이나마 짐작할 수 있는 단서가 있었다. 다음은 명호씨가 세상을 떠나기 2년 전인 2019년 거리에서 노숙할 때 쓴 일기의 일부다.

"4/8. 노숙 1일차. 17:45경. 움직이기 적당한 좋은 날씨이지만 가만히 있으면 춥다. 노숙자가 된다는 건… 삶의 거의 막다른 곳 중 하나일 것이다. 겨울에는 어떻게 지낼까? 추운 곳에서? 비 오는 날에는 어떻게 피할까? 젖은 채로? 가만히 누워 있을 때와 움직일 때 다르다. 일주일 중 어제 일요일 마지막 밥을 먹었다. 일주일 중 제대로 된 한 끼의 식사. 내가 가진 건 견과류 조금, 물, 세이크 3봉."

"4/9. 10:38. 생각 이상으로 추위가 매섭다. 배고픔은 잊혀졌다. 움직이기 위해 목을 축일 물이 더 중요하고 그보다 바람을 피할 장소, 비를 피할 장소가 더 중요하다. 개인의 위생은 찾기가 어렵다."

추위를 피해 여러 장소를 전전하던 명호씨는 다행히 며칠 만에 노숙자 일시 보호시설을 찾아 몸을 의탁했다. 길거리보다 안락한 보호시설에서 따뜻한 밥을 얻어먹은 그는 의욕을 되찾았다. 긍정적인 마음가짐으로 새 삶을 살고 싶다고 누구보다 간절히 바랐다.

2020년 4월엔 여러 다짐을 다이어리에 남겼다.

"1. 식사 챙겨 먹기 2. 약 챙겨 먹기 3. 말실수를 가급적 줄이도록 노력하자. 4. 세면, 세수, 샤워, 청소 등 청결을 유지하도록 노력하자. 5. 하루를 되돌아보고 반성하는 시간을 갖도록 노력하자. 6. 햇살이 좋은 날은 일광욕을 누려보도록 하자. 7. 실수를 바로잡도록 노력하자. 8. 여유가 생기거든 돈이 들지 않더라도 작은 선행을 한 가지라도 해 스스로의 가치를 올리고 자존감을 갖도록 해보자. 9. 상대방이 행동이나 약속을 요구할 때는 하루 이상 생각할 시간을 가져 지킬 수 있는 일인지 신중을 기하고 지키지 못할 약속은 하지 않아 신뢰를 떨어뜨리는 일을 만들지 않도록 해보자."

하지만 가난과 그에 따른 정신적 불안이 명호씨의 의욕을 좀먹었다. 돈 문제는 늘 그의 발목을 잡았다. '월세+병원 진료+담배+통신비+교통비+밀린 월세=77만 원(+식비?+건강보험료?).' 이 면지에 계산돼 있는 생활비 목록에서는 한 치의 여유도 느껴지지 않았다. 방에서 나온 여러 장의 진단서와 처방전은 병증이 깊었음을 증명했다. 서류에 따르면 그는 알코올의존증과 조울증, 척추 질환 등 여러 병을 앓고 있었다.

세상을 떠나기 전 명호씨의 마지막 식사는 간단했을 것이다. 방에서 햇반과 레토르트 카레, 야채참치 통조림 같은 즉석식품이 많이 나왔다. 뜯지 않은 블루베리 잼과 벌꿀, 식용유, 비타민 C 등도 발견됐다. 길해용 대표가 방에서 나온 음식들을 노란 컨테이너 상자에 모아뒀는데 한 상자도 채우지 못했다. 평소 먹을 쌀이 부족했는지 구청에서 공짜로 주는 나라미를 받는 방법이 담긴 '정부양곡 할인구입 신청 안내문'도 발견됐다.

"30대가 살던 집에서 이런 무료 배급 관련 서류를 본 적은 처음이에요. 상황이 정말 안 좋았나 봐요."

10년 넘게 수많은 고독사 현장을 목격해온 길대표가 혀를 차며 말했다.

함께 스위퍼스를 찾은 사진기자 윤성호는 안쓰럽고 허망한 청년의 죽음을 사진으로 기록했다. 촬영에 앞서 다른 고독사 현장에서 나온 철제 소반을 가져왔다. 명호씨가 남긴 즉석밥과 카레, 통조림, 잼 등을 상에 함께 올렸다. 그의 마지막 식사가 제사상처럼 재구성됐다. 평소 작업을 할 때면 현장 분위기를 곧잘 띄우는 윤성호는 음식 사진을 찍는 내내 말이 없었다. 촬영을 마치고 우리는 제사상을 향해 함께 목례했다.

고독사 현장의 부엌

명호씨처럼 세상과 단절돼 방에서 홀로 숨을 거두는 이들의 부엌은 황량하다. 냉장고는 거의 비어 있고 선반에도 인스턴트식품만 덩그러니 놓여 있다. 혼자 살다 보니 제대로 요리해 먹는 경우가 많지 않다.

길대표는 "고독사 현장에서 가장 많이 나오는 건 라면과 통조림"이라고 했다.

"냉장고에도 기껏해야 김치나 즉석식품뿐입니다. 조리 환경이 열악해 가스가 끊겨 있는 경우도 종종 있습니다."

독거노인의 집에선 복지관에서 받은 식자재나 통조림 같은 저장 식품이 방 한구석에서 발견되기도 한다. 조리된 음식이 남겨져 있는 일은 매우 드물다. 코로나19 유행 이후 주문 배달이 보편화되면서 포장 음식 잔해물이 발견되는 경우도 늘었다.

취재하던 중 고독사 현장의 부엌을 집중적으로 조사한 보고서를 입수했다. 문화체육관광부 산하 아시아문화원이 2019년 펴낸 '일인가구·무연고자 부엌 조사 및 스토리텔링' 보고서다. 고독사와 무연고 사망자의 부엌 및 주방 사용, 음식 소비 실태 등이 사진과 함께 정리돼 있다. 보고서에 따르면 사망 현장에서 냉장고의 음식은 유통기한이 지났거나 부패한 상태인 경우가 많았다. 주방 그릇과 용기, 밥통은 대부분 텅 비어 있었다. 사망자의 집에서 공통적으로 술이 발견됐다.

보고서에 나온 예순여덟 살 김상철 씨의 냉장고도 휑했다. 상철씨는 2019년 12월 경기도 부천의 한 아파트에서 사망한 상태로 발견됐다. 냉장고를 열어보니 오래 방치돼 싹이 난 감자와 부서진 양파, 딱딱해진 떡, 김치가 나왔다. 식탁 쪽에 참치 통조림 몇 개가 놓여 있었다.

상철씨에게 식사는 고통스러운 일이었다. 만성 신장 질환을 앓다 신장 이식 수술을 받았는데 1년 만에 부작용으로 잇몸이 무너졌다. 치아가 빠지면서 급하게 맞춘 틀니는 잇몸에 잘 맞지 않았다. 음식을 좀처럼 씹어 넘기기가 어려워졌다. 상철씨는 살기 위해 맛과 영양을 포기했다. 삼키기 쉽게 맹물에 밥을 말아 허기를 달랬다. 부드럽게 잘리는 통조림 참치만을 반찬으로 두고 먹었다.

독거노인의 치아 건강과 식생활을 가까이에서 신경 써줄 사람은 없었다. 영양 균형이 깨진 식단은 몸에 무리를 안겼다. 체중이 점점 빠졌고 이식한 신장에도 문제가 생겼다. 그는 집에서 쓰러진 뒤 홀로 숨을 거뒀다. 며칠째 연락이 안 돼 멀리서 집을 찾아온 아들이 시신을 발견했다. 쓰러진 상철씨의 곁에는 틀니를 담는 통과 참치 통조림이 뒹굴고 있었다.

보고서는 중장년층에게 나타나는 고독사 위험 징후로 다음과 같은 몇 가지를 제시했다. '1인 가구이며 혼자서만 지냄' '식사를 거의 하지 않음' '문밖에 나오지 않고 주문 음식 등으로 식사를 해결' '인근 식당 또는 편의점에서 음식을 사 먹는 일이 거의 없음'.

이는 사회 경제적 연결망에서 탈락한 뒤 고독사로 이어질 수 있음을 시사한다.

보고서는 "혼자 사는 시간이 길어질수록 중장년층은 인스턴트식품에, 독거노인은 (복지관의) 무료 식사에 의존하게 된다"고 밝혔다. "노인의 경우 점차 음주가 식사를 대체해 알코올중독 현상이 두드러진다"고도 했다.

청년 고독사

고독사로 세상을 떠난 이들의 뒷정리는 특수청소부가 도맡는다. 2010년 초반까지만 해도 특수청소는 흔치 않은 일이었지만 이제 여러 업체가 난립해 경쟁할 만큼 하나의 시장을 형성했다. 쓸쓸한 죽음도 그만큼 늘었다. 스위퍼스에는 한 달 평균 50~60건의 의뢰가 들어온다.

죽은 자의 집을 청소하는 비용은 무게에 따라 달라진다. 길해용 대표는 톤으로 비용을 가늠했다.

"고독사 현장에서 나오는 쓰레기 1톤당 50만 원이에요. 1톤 트럭 하나가 가면 50만 원, 2대는 100만 원, 3대는 150만 원 이렇게 비용이 올라가죠. 멀리 지방 출장을 나가야 하면 트럭 한 대당 경비가 더 붙어요."

홀로 살다 세상을 떠난 이들의 방에서 수천 킬로그램 부산물이 쏟아진다는 사실을 처음 알았다.

특수청소는 필연적으로 죽음과 가까운 작업이다. 이명호씨 유품을 보러 방문한 스위퍼스 창고에는 다른 망자의 흔적도 곳곳에 있었다. 그들이 생전에 탔던 차량 4대가 창고 안팎에서 눈에 띄었다.

> 길해용: 지금 작업하는 것 중 하나가 저건데, 30대 남성이 자살한 차량이에요.
>
> 방극렬: 사람이 그 안에서 자살했어요?
>
> 길해용: 네. 저기, 밖에 있는 3대도 다 자살 차량이에요. 차 안에서 극단적 선택을 하는 경우가 상당히 많아요.

길대표는 아직 청소가 진행되지 않은 스포츠 유틸리티 차량 안을 보여줬다. 2021년 3월 경기도 한 야산에서 숨진 30대 남성과 함께 발견된 자동차였다. 문을 열자 눅눅한 공기와 매캐한 냄새가 입과 코를 덮쳤다. 극단적 선택을 할 때 태웠던 연탄의 매연이 깊게 배어 있는 느낌이었다. 말라비틀어진 오징어와 젤리, 생수병이 눈에 띄었다. 고인이 생전 마지막으로 섭취했을 음식은 모두 편의점에서 구한 것들이었다. 한동안 정해진 거처 없이 차량에서 생활했는지 뒷좌석에는 옷가지와 수건, 가방이 널려 있었다.

특수청소업체로 의뢰가 오는 고독사 중에는 의외로 노인이 사망한 경우가 많지 않다. 각 지역 사회복지관에서 독거노인을 고독사 위험군으로 분류해 집중 관리하면서 생긴 영향이다.

"사회복지사가 하루 이틀 간격으로 혼자 사시는 분들을 찾아가기 때문에 설령 사망하더라도 바로 발견돼요. 그럼, 시신이 온전해 바로 수습할 수 있으니까 굳이 우리 같은 업체에 의뢰하지 않죠."

길대표 이야기는 반대로 해석될 수 있다. 독거노인이 아니면 혼자 사망했을 때 발견이 힘들다는 것. 복지 제도의 사각지대에는 노인이 아니라 다른 연령대가 있을 수 있다. 길대표에 따르면 한 달에 들어오는 특수청소 의뢰 50건 가운데 35건은 혼자 사는 청년과 중장년의 사망 현장이었다. 노인 고독사는 5건 정도에 불과했고 나머지는 살인 현장 같은 곳들이었다.

특히 명호씨처럼 청년이 고독사하는 사례가 코로나19 유행 이후 확연히 늘고 있다.

"내가 사업을 시작한 2012년만 해도 고독사 중 중장년층이 70퍼센트, 청년은 30퍼센트에 불과했어요. 그런데 몇 년 전쯤부터 청년 고독사가 조금씩 늘더니 코로나19 유행 이후 (극단적 선택이) 증가한 건지 크게 늘었죠. 지금은 중장년과 청년 비율이 딱 반반이에요."

도움이 절실한 청년과 중장년을 독거노인을 돌보듯 사회 안전망이 포용할 수 있다면 고독사가 감소할 수 있다는 얘기다.

국가가 관심을 쏟기 전 민간단체들이 그런 사회 안전망 구축을 시도하고 있다. 대학동 옛 고시촌에서 일주일에 두 번 무료 도시락을 나눠주는 길벗사랑공동체 해피인이 그렇다. 고독사 위험군인 독거 중장년과 청년이 모여 사는 이곳에서 '밥'은 단지 배를 채우는 수단이 아니라 사회적 연결망을 위한 매개체다. 박보아 해피인 대표는 고독사를 막으려면 당장의 한 끼가 중요하다고 말한다.

"여기라도 있으니까 집에서 혼자 극단적 생각을 하다가도 와서 밥을 먹는 거예요. 밥 먹으며 관계를 맺고 모임도 하면서 고독사를 막는 거지, 띠 두르고 캠페인 한다고 해서 예방할 수 있는 게 아니거든요."

일부 지방자치단체는 우유 배달로 독거노인 고독사를 예방하고 있다. 2015년 설립된 사단법인 '어르신의 안부를 묻는 우유배달'은 서울과 포항, 정선 등지에서 홀로 사는 노인 3152여 명에게 매일 우유를 배달한다. 전날 배달된 우유가 방치돼 있으면 가족이나 관공서에 연락해 건강에 이상이 있는지 확인한다.

앞서 언급한 아시아문화원 보고서는 "1인 가구가 증가하면서 대인 관계가 단절된 것이 고독사의 주된 원인"이라고 지적했다. "대부분 불규칙하고 불균형한 식단에 노출돼 있는 만큼 공동으로 음식을 만드는 장이 마련돼 함께 나누는 돌봄 시스템 구축이 필요하다"고도 했다. 전용호 인천대 사회복지학과 교수는 "1인 가구 증가에 동반되는 빈번한 고독사는 큰 사회문제다. 더 이상 개인과 가정의 책임에만 맡겨서는 안 된다"고 강조했다.

2021년 7월 고독사한 30대 청년의 자취방에서 발견된 음식으로 마지막 식사를 재구성했다. 그의 집에서는 즉석밥과 카레, 통조림, 잼 등이 나왔다. 그가 남긴 다이어리에는 2년 전 거리에서 노숙할 때 쓴 일기가 담겨 있었다. 그는 오랫동안 제대로 된 식사를 하지 못했던 것으로 보인다. 쌀이 부족했는지 나라미를 구입하는 방법이 담긴 '정부양곡 할인구입 신청 안내문'이 방에서 발견됐다. 일용직 인력업체와 노숙인 임시 보호시설 명함도 나왔다. 현장을 정리한 특수청소업체 관계자는 "30대 남성의 집에서 양곡 지원 관련 서류가 나온 적은 처음"이라고 말했다. 사진 윤성호

70대 독거노인이 살던 인천 서구 한 주택의 부엌. 세상과 단절돼 방에서 홀로 숨을 거두는 이들의 부엌은 황량하다. 냉장고엔 먹다 남은 오래된 음식이 어지럽게 쌓여 있고 선반에도 인스턴트식품만 덩그러니 놓여 있다. 혼자 살다 보니 제대로 요리를 해 먹는 경우가 많지 않다. 한 특수청소업체 대표는 "고독사 현장에서 가장 많이 나오는 건 라면과 통조림"이라고 했다. 사진 국립아시아문화전당·박민구

4부

메뉴를 선택할 수 없는

더 중요한 공감

가난한 사람들이 어떻게 먹고 있는지를 알기 위해 우리가 만난 사람은 모두 25명이다. 3명을 제외하고 나머지 모두는 수도권에 살고 있다. 수도권에 사는 22명 중 21명을 직접 만나 인터뷰했다. 이들의 나이는 20대가 6명, 30대 1명, 40대 3명, 50대 7명, 60대 3명, 70대 이상 5명이다.

구호 단체인 기아대책, 저소득층 지원 단체인 서울 삼양주민연대, 빈곤 청년 지원 단체인 십시일밥에서 당사자를 소개받았다. 무료 급식 현장에서 배식을 기다리는 사람을 붙잡고 인터뷰를 한 경우도 있다. 서울 대학동 무료 급식 현장에서, 성북구 생명의전화종합사회복지관에서, 가양동 임대아파트 단지에서 사람들을 만났다.

취재는 쉬우면서도 어려웠다. 무슨 딱딱한 이야기가 아니라 먹는 이야기였으므로 말을 꺼내기는 쉬웠다. 그렇지만 글을 쓰려면 이야기가 훨씬 구체적이어야 했다. 그런 얘기를 끌어내는 건 어렵다. 길 가는 사람을 붙잡고 "어떻게 드세요"라고 물으면 "그냥 대충 먹어"라고 답할 것이다. 자신이 먹는 걸 낱낱이 드러내고 싶은 사람은 별로 없다. 남의 밥상을 본 적이 없는 이상 자신의 밥상이 치부일 수 있어서다. 자신의 식탁 메뉴를 공개할 마음이 있는 사람도 그런 이야기를 해본 적은 많지 않을 것이다.

그래서 인터뷰는 산을 하나씩 넘는 것과 같은 일이었다. 한 사람 한 사람 인터뷰에 성공할 때마다 다행이라는 생각이 들면서 다른 한편으로 걱정이 생겨났다. 우리는 과학적인 조사를 하는 걸까. 인터뷰한 사람들은 대표성이 있는 취재원일까. 잘 만든 탐사보도는 사회과학의 조사 방법을 연상시킨다. 어떤 탐사보도를 보면 '전수조사를 했다'는 표현을 볼 수 있는데 이 경우 조사 대상의 대표성을 걱정하지 않아도 된다. 전수조사 자체로 대표성 문제가 해소되기 때문이다. 그렇지만 우리 취재는 전수조사가 아니었다. 우리가 취재한 사람들이 한국 사회 '영양 취약 계층'의 현실을 제대로 보여줄 수 있을지 의심스러웠다. 대표성을 어떻게 인정받을지 생각하면 찜찜했다.

식사 사진과 스토리가 모이면서 대표성이 아니라 다른 문제가 생겼다. 이들이 보내온 식사 사진을 보면 음식이 전반저으로 부실했다. 하지만 그 가운데 괜찮아 보이는 음식도 있었다. 복지관에서 챙겨준 콩자반, 총각김치, 어묵볶음은 정갈해 보였다. 식사 대신 먹는다는 빵도 동네마다 있는 대기업 프랜차이즈 빵집에서 파는 것이었다. 꼭 가난하지 않더라도 한 번씩 먹게 되는 음식이 적지 않았다. 한 20대 청년이 먹었다는 '노브랜드 버거'는 시내에서 자주 눈에 띄는 햄버거 프랜차이즈이고 지나가면서 한번 먹어볼까 생각도 했던 음식이다. 한 끼 5000원에 식권을 많이 살수록 더 저렴하게 먹을 수 있는 고시촌의 고시 식당도 겪어보지 못한 전혀 다른 세계가 아니었다. 신문사에 들어오기 전 고시 공부를 한 후배는 그 시절 고시 식당에서 식사를 해결했다고 했다.

이런 음식을 가난한 사람이 먹는다고 쓸 때 어떤 반응이 나올지 두려웠다. '이게 왜 문제지? 이 정도면 잘 먹는 것 아냐?' 하는 목소리가 나올 것 같았다. 사진이 어느 정도 모이자 우리는 저소득층 당사자들이 보내온 식사 사진을 주변 사람들에게 보여줬다. 여러 사람이 "나도 이렇게 먹는데?"라고 말해서 우리는 위축됐다. 취재를 제대로 하지 못하고 있는지, 더 가난한 사람을 찾아 식사를 들여다봐야 하는지 혼란스러웠다.

첫 회 기사를 내보내기 직전 팀 내에서 작은 논쟁이 있었다. 팀장인 나는 식사의 부실함을 앞세워 첫 회분을 작성할 계획을 세우고 있었다. 라면을 매일 먹거나 설탕국수로 끼니를 대신하는 사람의 사례를 가장 먼저 쓰려고 했다. 그때 양민철이 밥이 부실한 것보다 매일 같은 음식을 먹을 수밖에 없는 게 더 문제 아니냐는 이야기를 꺼냈다. 곰곰이 생각해보니 그의 말에 통찰력이 있었다. 밥을 못 먹는 게 아니라 어떤 밥을 먹을지 선택할 수 없는 상황에 있다는 게 진짜 문제였다. 첫 회 주제를 '매일 같은 밥을 먹는 사람들'로 정했다. 안개가 사라지듯 혼란이 걷혔고 여러 사례를 하나의 주제 안에 소화할 수 있게 됐다.

식사를 선택할 수 없는 사람들의 식탁과 삶. 앞서 말했지만 처음부터 이를 핵심 주제로 정한 것은 아니었다. 영양 취약 계층을 만나고 식사 사진을 받고 이를 토대로 내부 논쟁을 하면서 자연스럽게 주제가 좁혀졌다. 지금 생각해보면 이 주제는 '가난한 사람은 잘 먹지 못한다'에 비해 훨씬 힘이 있었다. 가난한 사람이 잘 먹지 못한다는 건 나와 상관없는 이야기일 수 있다. 하지만 식사를 선택할 수 없고 먹고 싶은 걸 먹지 못한다는 건 누구나 겪고 있거나 겪을 수 있는 문제다.

세상에 존재하는 음식의 스펙트럼은 참으로 다양해서 누구든 먹고 싶다고 마음에 품은 음식이 한두 가지 있다. 언젠가는 이걸 먹어봐야지, 성취를 이룬 날이나 중요한 기념일에 그 식당에 가야지 하면서 실행을 미뤄두는 일도 있다. 먹고 싶은 욕구를 즉시 채울 수 있는 사람은 많지 않다. 다른 한편으로 지금은 식사를 선택할 수 있는 능력이 있더라도 과거엔 그런 능력이 없었던 경우도 많다. 그들에게는 식사의 선택권이 없는 게 남의 이야기로 느껴지지 않을 것이다. 20세기에 태어난 중장년층은 더 일찍 태어난 사람일수록 먹고 싶은 것을 먹지 못하는 마음을 잘 알 것이다.

페이스북에서 '빈자의 식탁' 기사를 올리며 "생각할 거리를 주는, 공들인 기사입니다. 일독을 권합니다"라고 적었던 김필성 변호사도 '문제는 메뉴를 선택할 수 없는 사람들의 삶'이라고 했다. 그는 "값싸게 끼니를 때우는 노하우는 아마 제가 어디가도 빠지지 않을 겁니다. 경험이 많으니 드립 칠 것도 많이 있습니다. 그렇지만 이 기사를 보면서 식사가 문제인 것은 아니라는 생각이 들었습니다"라고 말했다.

"식당에 들어가서, 메뉴의 가격에 민감해야 하는 상황을 가끔 생각해봅니다. 가장 싼 메뉴만을 먹어야 하는 상황 말입니다. 그런 때는 혹시 주문이 잘못 들어가면 어쩌나 하는 생각부터 자괴감까지, 별 생각이 다 듭니다. 그게 싫어서 아예 비싼 메뉴가 있는 식당은 안 가게 되는 경우도 많습니다. 이런 상황 자체가 사회적 압박이고, habitus(아비투스: 사회 문화적 환경에 의해 결정되는 취향이나 사고 및 행동 체계)를 강제하는 기제가 됩니다."

우리가 끌어낸 '매일 같은 밥을 먹는 사람들' 주제는 '가난해서 잘 먹지 못하는 사람들'보다 더 많은 공감을 일으킬 수 있는 주제였다. 나도 겪을 수 있는 일, 과거 겪었던 일이라는 차원에서 마음에 공감을 일으킨다. 기사를 인용한 한 블로거도 공감을 이야기했다.

"'요즘도 밥 굶는 사람들이 있다고?'라고 생각했던 제가 다 부끄러워, 이 칼럼을 읽으며 진짜 한참 울었습니다. 연민이나 동정보다는, 공감이 가서 울었습니다. 먹고 싶은 것을 못 먹는다는 게 얼마나 서러운 일인지 허기짐이 얼마나 공허함을 느끼게 하는지, 공감이 됐습니다."

이 블로거는 '먹고 싶은 것을 못 먹는다'는 것을 서럽고 공허한 일이라고 하면서 그런 감정에 공감이 됐다고 했다.

'매일 같은 밥을 먹는 사람들'은 진한 공감을 얻을 수 있는 주제였다. 이 주제를 생산해놓고 보니 걱정했던 대표성은 중요한 게 아니었다. 독자가 몇 사람의 사례를 읽고 충분히 공감할 수 있으면 글은 그 역할을 다한 것이다. 이걸 깨달은 순간 그 후부터 사례가 나타낼 대표성은 더 신경 쓰지 않았다. 또 '이 정도면 잘 먹는 것 아냐?' '나도 이렇게 먹는다'라는 식의 반응에도 반박할 수 있게 됐다. 그들에게 '당신은 그래도 먹고 싶은 걸 먹을 수 있지 않느냐'고 말하면 되는 일이었다.

더 많은 사람이 공감하는 글을 쓴다는 건 기획 단계에서부터 세웠던 목표이기도 했다. 가장 가난한 사람이 모여 산다고 할 수 있는 쪽방촌을 취재하지 않은 것도 그런 이유에서였다. 빈곤 계층에 대한 보도는 그들의 비참한 모습을 드러내 일반 대중에게 충격을 주고 이를 통해 변화를 일으키려는 목적인 경우가 많다. 쪽방촌을 취재하면 질 낮은 음식을 가장 잘 보여줄 수 있었을지 모른다. 하지만 쪽방촌이라는 말에는 서로를 구분하는 경계 혹은 울타리 개념이 내포돼 있다. 대부분 사람은 잠깐 마음 아파할 수 있지만 자신의 얘기가 아니라고 생각하고 넘어갈 가능성이 컸다.

빈자의 식탁 기획은 그런 목적이 아니었다. 실태가 덜 비참하더라도 공감을 얻는 게 더 중요했다. 동떨어진 남의 일이 아니라 어쩌면 내 얘기가 될 수 있는 글을 쓰고 싶었다. 절대 빈곤은 어느 정도 해결됐으므로 그다음 단계로 넘어가는 게 중요했다.

쪽방촌 대신 새로운 빈곤층 밀집 지역으로 부상하고 있는 서울 대학동을 주목했다. 저렴한 주거 비용에 그곳으로 독거 중년 남성이 모이고 있다는 보도가 있었다. 가난한 사람들이 많아지자 천주교 빈민사목위원회가 '참 소중한...' 센터를 열고 활동을 시작했다. 이곳 운영을 맡은 이영우 신부님은 2006년 '사형수 63인 리포트' 취재 때 이름을 알게 된 분이었다. 당시 취재를 이끈 선배가 신부님을 만나 그들에 관한 여러 이야기를 들었다. '사형수의 벗'으로 불리던 신부님이 기자들이 사형수의 삶을 이해할 수 있게 꽤 내밀한 이야기까지 해준 것으로 기억한다. 센터가 문을 연 시점은 우리가 취재를 시작하기 석 달여 전이었다.

독거 중년 남성은 빈곤 문제에서 상대적으로 덜 주목받은 사람들이다. 전문가와 언론은 그동안 주로 노년의 빈곤을 이야기했고 최근 들어 청년 빈곤을 이야기하고 있다. 중년 남성은 신체와 경제 면에서 능력이 있다고 여겨진다. 주거비가 싼 곳을 찾아 대학동으로 몰려드는 사람은 가정에서든 직장에서든 실패를 경험했을 가능성이 크다. 실제로 이곳에서 만나본 사람들은 사회생활에서 실패한 사람들이 많았다. 현재 먹고 있는 밥에는 그들의 실패 스토리가 담겨 있었다.

대학동에 중년 남성만 모여들고 있는 것은 아니다. 부산 국제 신문의 2020년 기획 기사 '청년 졸업 에세이'는 부산에서 서울로 이동한 1985년생의 삶을 다뤘다. 흥미진진하면서도 의미 있는 글이다. 얼마나 많은 청년이 부산을 떠나 서울로 향하고 있는지, 그들의 타향살이가 어떤 모습인지를 데이터에 입각해 그려냈다. 여기에도 대학동이 등장했다. 부산 출신 1985년생이 2009년에서 2018년까지 이동한 서울의 행정동 가운데 대학동은 관악구 청룡동과 강남구 역삼1동에 이어 인구 이동이 많은 3위에 이름을 올렸다. 비수도권 지역의 청년이 가장 많이 주거지를 옮기는 곳 중 하나가 대학동인 것이다. 청년들은 희망을 찾아 이곳에 왔을 것이다. 비록 저소득층이 많이 모여 살지만 비관으로 가득 차 있지 않은 곳. 의도치 않은 실패를 경험했을 때 누구라도 갈 수 있는 곳. 우리는 대학동에서 공감할 수 있는 여러 식탁 스토리를 들을 수 있었다.

'식품 안정성'은 배고픔을 해결하는 것 이상의 개념이다. 배를 채우는 걸 넘어 다양한 음식에서 영양까지 충족시키는 상태를 말한다. 2019년 기준으로 식품 안정성을 확보하지 못한 가구는 전체의 3.5퍼센트였다. 가장 낮은 소득 수준에 있는 이들은 충분한 양의 음식도, 다양한 종류의 음식도 먹지 못하고 있다. 코로나19로 타격을 입은 취약 계층의 식생활은 한층 열악해졌고 식품 불안정률은 기존보다 5퍼센트포인트 이상 높아질 수 있다. 삽화 전진이

서울 대학동에 있는 '참 소중한...' 센터의 주방. 영양 취약 계층과 무료 급식을 운영하는 사회복지관, 시민단체 관계자들은 '거창한 것을 바라지 않는다'고 말했다. "코로나19로 인해 일회용 두 시라 소모품 비가 발생하는데 그 부분이 조금 운영하는 데 어려워요."(서울 종합사회복지관 관계자) "고시원에선 휴대용 가스버너도 쓸 수가 없어요. 이분들이 볶음밥이라도 해 먹을 수 있는 공유 주방이 동네마다 있으면 어떨까요."(박보아 길벗사랑공동체 해피인 대표) 사진 윤성호

댓글이 보는 빈곤

"나이키, 괜찮을까요?"

먼저 말을 꺼낸 건 이승수 씨였다. 사진 속에서 그는 나이키 회색 반팔 티셔츠를 입고 있었다. 대학동에서 처음 만난 날도, 자신의 고시원 방을 안내한 날도 승수씨는 그 티셔츠를 입었다. 고시원 방에서 책상 의자를 식탁 삼아 밥과 밑반찬을 올려놓고 점심을 먹을 때도 같은 옷을 입었다. 우리는 승수씨가 밥 먹는 모습을 사진에 담았다. 왼팔 소매에 찍혀 있는 나이키 로고가 함께 담겼다. 사진을 본 승수씨가 말했다.

"저거, 나이키, 괜찮을까요?"

우리는 잠시 고민했다. 나이키 로고를 지워야 할까. 되레 감추는 것처럼 보여 오해를 사지 않을까. 그렇다고 추레한 옷으로 갈아입은 뒤 점심 먹는 모습을 다시 한 번 촬영하자고 할 수는 없는 노릇이었다. 당뇨 합병증으로 근로 능력을 잃고 기초생활수급자가 된 승수씨가 나이키 티셔츠를 입고 있는 사유를 구체적으로 설명하면 될까. '나이키 티셔츠는 그가 회사에 다니던 시절, 생계급여를 받기 전에 산 옷입니다'라는 식의 부연 설명을 달면 괜찮

메뉴를 선택할 수 없는

을까.

우리는 신상이 드러나지 않게 사진 속 얼굴을 흐릿하게 처리했고 혹시라도 배경에 신상이 드러날 만한 물건이 있는지 여러 번 살펴봤다. 하지만 그가 먼저 말하기 전까지 그 티셔츠의 존재를 알아채지 못했다. 나이키 티셔츠는 승수씨에게 비싼 옷이었고 빈자의 식탁이라는 주제에 등장하면 안 되는 옷이었다. 나이키 로고는 결국 그대로 나갔다. 그가 우려했던 반응은 다행히 없었다. 아무도 나이키 티셔츠를 문제 삼지 않았다. 오히려 나이키 티셔츠만 문제 삼지 않았다.

　＿나라 세금으로 나보다 반찬 잘 드시겠다? 염치들도 없다.
　＿아이구 나랏돈으로 그럼 진수성찬 차려줘야 속이 시원하겠네.
　＿기자님들 보세요. 나가서 돈 벌어봤자 많이도 못 벌고, 차라리 기초생활수급자 비용 받아 편안하게 생활하려고 하는 기생충들 수두룩합니다. 발로 뛰어서 그런 사람들을 찾아보세요.
　＿저것보다 못 먹는 사람들이 지천이다. 당장 일해 돈을 벌거나 시골에 가서 살아라.

기사에 달린 820개 댓글 중 공감순 최상위권을 차지한 댓글 2개는 과도한 표현 탓에 삭제됐다. 하지만 살아남은 수백 개 댓글과 또 거기에 달린 수백개 대댓글은 격렬한 전투를 벌였다. 전황은 승수씨에게 불리했다. 애초에 그에겐 싸울 이유가 없었다. 빈곤의 대표자도 아닌 그가 취재에 응한 대가로 받은 것은 취재비 명목의 얼마 안 되는 편의점 상품권밖에 없다. 기초생활수급자들에게 예산을 지원한다는 것에 반감을 가진 사람들도 있다는 사실을 그는 잘 알고 있었다.

그런데도 자신의 밥상을 공개한 건 사연을 읽는 사람들이 조금이나마 존엄한 식사의 중요성을 깨닫기를 바라서다. "그래도 극빈층이나 사회적 약자를 좀 끌어올리면 우리 사회도 좀 더 건강하고 탄탄해지지 않을까요?" 승수씨는 인터뷰 내내 움직임이 불편한 왼쪽 종아리를 열심히 주물렀다. 방울토마토와 우유를 열심히 먹어 당뇨가 좀 가라앉으면 일자리를 찾아 지금보다 넓은 방을 얻을 것이라고 말했다. 그는 기사가 나가면 자신에게 보내달라고 당부했다. 약속대로 그에게 기사 링크를 보냈다. 카카오톡의 '1'은 금세 사라졌지만 답장은 없었다.

복지관에서 주는 반찬으로 허기를 달래는 오민정 씨의 사연에도 댓글이 이어졌다. 모두 995개 댓글이 달렸다. 40대가 49퍼센트로 가장 많았다. 여자와 남자 비율은 52퍼센트와 48퍼센트로 비슷했다. 한 독자는 아침 7시에 댓글을 남겼다. 문장은 짧았다.

_세끼 먹는 게 어디냐. 하루 한 끼로 버티는 사람도 많다.

그 독자는 뉴스 기사들에 총 54개 댓글을 달고 820개 공감을 받았다. 단칸방에 사는 청년들의 고단한 여름 나기를 조명한 기사에는 "코로나로 부도나고 작년 11월 고시원에 들어온 후 처음 맞는 여름인데 땀이 그냥 줄줄 흐르네요. 빨리 벗어나고 싶은데요"라고 적었다. 2002년 한일 월드컵 4강 주역인 유상철 감독이 세상을 떠났을 때는 영면을 기원한다는 추모 댓글을 남겼다. 스포츠 선수나 연예인들의 사건 사고를 다룬 기사에는 준엄하게 일침을 놨다. 어떤 이가 다른 이를 때리고 살해했다는 기사에는 가해자를 두고 뻔뻔하다며 공분을 표했다. 그가 정말로 코로나19로 부도를 맞고 고시원에서 땀을 뻘뻘 흘리며 사는지는 알 수 없다. 그렇다고 해도 민정씨에게 달라지는 것은 아무것도 없다. 우리는 민정씨에게 종이신문 지면을 편집한 사진 파일을 보냈다. 차마 댓글을 보일 수 없었다.

댓글은 무엇을 말하는가

_나가서 일해 돈 벌면 더 잘 먹을 수 있는데 왜 일을 하지 않는가.

댓글이 말하는 지점은 명확했다. 지금도 많은 사람이 자신과 가족의 생계를 위해 일터에서 땀 흘려 일한다, 그런데도 상당수가 제대로 된 생활을 누리지 못한다, 나도 잘 먹지 못하는데 이 사람들을 왜 안타깝게 여겨야 하냐는 지점이다.

부정적인 댓글이 무조건 잘못됐다고 할 수는 없다. 개개인의 가치관과 경험, 그리고 저마다의 형편이 복잡하게 얽힌 문제다. 취재에 응한 저소득층 25명이 월 50만 원 남짓한 생계급여를 받아 라면과 설탕국수 등 탄수화물 위주의 부실한 식사를 한다는 사실을 바라보는 시각은 천차만별일 수밖에 없다. 연민과 동정을 느끼는 사람도 있고 시혜성 복지가 늘어나는 것에 반감을 가진 사람도 있다. 혹자는 그러니 더 못 먹는 빈곤과 참혹한 식사를 보여줬어야 한다고 말했다. 하지만 빈자의 식탁이 아니라 극빈자의 식탁이라도 그 안에서 게으름과 나태함을 발견하려는 시도는 계속되었을 것이다.

가난은 마음의 경계선을 끊임없이 건드린다. 빈곤과 맞닿은 이들의 공포와 불안을 자극한다. 고시 식당과 햄버거와 무료 급식으로 겨우 버티는 스물네 살 민석씨의 삶도, 30년 넘게 식당에서 일하면서 자녀를 키우고도 서울 변두리 반지하방에 홀로 사는 주영순 할머니의 삶도 우리 주변의 굴곡진 삶과 크게 다르지 않다. 빈자의 식탁은 항상 우리 곁에 도사리고 있다. 기억 속에 잠자던 악몽 같은 과거의 시간을 떠올리는 사람에게도, 지금 빈곤의 늪에서 하루하루 간신히 버텨내는 이들에게도 빈자의 식탁은 남의 일이 아니다. 가난은 무섭고 두렵고 불편하다. 그래서 그것을 꾸짖으며 자신을 채찍질해야 살 수 있을 때가 있다.

빈곤의 기준은 1원 차이로 엇갈린다. 한정된 국가 예산은 벼랑 끝에 몰린 이들을 대상으로 승자와 패자를 판정한다. 각박한 삶에 맞닿아 있는 사람일수록 남에게 혜택이 조금이라도 더 가는 것을 받아들일 이유를 찾기 어렵다. 우리 사회 여러 곳에서 약자는 보호의 대상이 아니라 공격의 대상으로 전락하고 있는 것은 아닐까. 적어도 댓글의 세계에서 그것은 분명해 보였다.

가난의 이유는 저마다 다르고 가까이 들여다보기 전에는 알수 없다. 민정씨도 자신이 이렇게 될 줄 몰랐다. 5년 전 협심증이 찾아오기 전까지는 자신의 밥상이 빈곤의 상징처럼 다뤄지리라 상상하지 못했다. 5년 전엔 적게나마 월급도 받고 친구도 만났다. 어느 날 갑자기 영문도 모른 채 내리막길로 굴러 떨어질 줄 몰랐다. 추락의 속도는 급했고 그의 손을 잡아줄 사람은 없었다. 병은 낫기는커녕 다른 병까지 자꾸만 불러왔다.

서른아홉 살 최상헌 씨도 매일 라면만 먹은 건 아니었다. 회사에서 권고사직을 당하기 전까지는 밥과 고기를 먹었다. 공사장과 물류 창고를 돌며 일하다 허리를 다쳐 몸 쓰는 일을 하지 못하게 된 지금 그는 자신의 위치가 낯설다. "솔직히 예전에 직장 다닐때 기초생활수급자는 노력조차 하지 않는 사람들이라고 생각했거든요. 지금도 인터뷰하면서 내 얼굴에 침 뱉는 기분이라 좀 씁쓸해요."

__그래서 대체 이런 기사를 쓰는 이유가 뭐죠. 계속 퍼주라는 건가요?

민정씨의 삶은 점점 더 벼랑 끝으로 몰리고 있다. 지난겨울 한 남성이 그에게 주먹과 흉기를 휘둘렀다. 남성은 병들어 홀로 사는 그의 사정을 알고 있었다. 도움을 주겠다고 찾아왔지만 돌아온 것은 악몽이었다. 민정씨는 처음으로 질병이 아니라 상해로 응급실에 실려 갔다. 상해로 인한 치료비엔 의료급여가 적용되지 않는다는 것도 병원에 가서야 알았다. 친구에게 빌린 돈으로 병원비를 내고 찢어진 머리에 거즈를 붙인 채 퇴원했다.

그날 이후 민정씨는 경찰과 국민신문고 홈페이지를 전전하고 있다. 찢어진 머리와 온몸에 생긴 상처를 내보이며 처음으로 악다구니라는 것을 쓴다. 친구의 돈을 조금이라도 일찍 갚으려면, 기나긴 형사처벌 절차가 빨리 끝나게 하려면 무슨 짓이라도 해야 한다. 피 흘리는 자신의 사진이 경찰서에서 검찰청으로 그리고 판사의 책상으로 옮겨가는 과정을 가만히 앉아 기다릴 여유가 그에겐 없었다.

복지관에서 일주일에 한 번씩 오던 세 가지 밑반찬도 몇 달째 오지 않고 있다. 수화기 건너편에서 '밑반찬을 지원하던 독지가의 형편이 어려워졌다'는 말을 들었다. 누군가 '왜 저 사람만 갖다 주냐'고 복지관에 민원을 넣었다는 이야기도 들었다. 민정씨는 누가 민원을 넣었는지 짐작도 하지 못한다. 이 모든 상황이 왜 자신에게 벌어지는지 알지 못한다. 그에게는 궁금한 것이 차고 넘치지만 모든 것을 속 시원히 설명해줄 사람은 주변에 없다. 답답한 그가 할 수 있는 것은 맨밥에 물을 말아 김치만 올려 먹는 일이다. 김치가 다 떨어지면 라면을 사서 한 개를 반으로 갈라 먹는 것이다. 예전처럼 밑반찬이라도 지원받으려면 어디든 찾아가 악다구니라도 써야 하지만 그에겐 그럴 힘도 기운도 없다. 댓글을 읽어볼 여력은 더더욱 없다. 언젠가 민정씨의 삶이 벼랑의 맨 밑바닥에 닿게 되면, 그 사연이 포털 사이트 뉴스 기사로 올라오게 되면 댓글은 비로소 그를 추모할지 모른다. 그러나 그때는 이미 늦었을 것이다.

청년들이 서울 동작구 노량진 컵밥 거리에서 컵밥을 먹고 있다. 식품 영양 전문가들은 영양 불균형의 새로운 사각지대로 저소득층 20대 1인 가구를 꼽는다. 20대는 혼자 사는 경우 식습관이 좋지 않은 경우가 많다. 여기에 경제력까지 낮으면 건강을 해칠 최악의 식단을 피하기 어렵다. 김초일 교수는 "알바를 하면서 연명해야 하는 20대 1인 가구는 진정한 영양 취약 계층이고, 어지간한 경제 수준의 부모와 떨어져 혼자 사는 1인 가구도 영양 취약 계층이 될 수 있다"고 말했다. 사진 최현규

다들 그렇게 먹는다는 말

식사 사진을 처음 본 사람들은 이렇게 말했다.

"나도 이렇게 먹는데?"

열에 일고여덟은 또 이렇게 덧붙였다.

"이 정도면 괜찮은 것 아냐?"

저마다의 사연을 지닌 저소득층 13명이 촬영한 식사 사진을 바라보며 많은 이들이 다들 이렇게 먹고 사는 것 아니냐고 말했다. 매일 함께 밥을 먹는 가족이나 사내 동료들의 평가도 크게 다르지 않았다. 매월 50만~90만 원 안팎의 수급비로 생계를 꾸리는 저소득층의 식사에 대해 심드렁한 반응이 이어지자 우리는 당황했다. 일정 수준의 일급을 받고 평범하게 사회생활을 하는 이들이 밥과 밑반찬으로 구성된 단조로운 식사에 동질감을 내비치는 것을 어떻게 받아들여야 할지 몰랐다. 이들의 소득 격차는 분명했고 먹는 식사의 질과 양에서도 차이가 뚜렷했다. 그런데도 저소득층의 식사에도 밥과 반찬이 있고 라면이야 다들 누구나 먹는 것이어서 '어려운 사람들도 별반 다르지 않게 먹고 사네'라는 평가를 피하지 못했다.

다들 그렇게 먹는다는 반응은 결국 빈곤한 식사란 무엇인가라는 근본적인 의문을 떠올리게 했다. 어떤 밥상에 빈자의 식탁이라는 정의를 내릴 수 있을까. 고기에 등급을 매기는 것처럼 식사의 질을 구별 짓는 일이 가능할까. 저소득층의 식사란 과연 어떤 것이며 어떠해야 할까.

우스운 이야기지만 '빈자의 식탁' 연재에도 오디션이 있었다. 오디션이 대체로 그렇듯 탈락자도 있었다. 12년 전 남편과 이혼하고 두 아들을 홀로 키우는 50대 여성 A씨가 그랬다. 그가 보내온 밥상 사진에는 밥과 생선조림, 가지조림, 배추김치, 잡채가 놓여 있었다. 밥에 검은콩이 들어 있고 접시마다 반찬들이 수북했다. 얼핏 봐도 푸짐하고 먹음직스러운 밥상이었다.

A씨는 기초생활수급자로 생계급여 등 90만 원을 받아 아들 둘과 생활한다. 남편과는 완전히 연이 끊겼다. 큰아들은 취업 준비를 하는 대학생이고 둘째 아들은 고등학생이다. A씨는 학원 강사 등을 하며 생활비를 벌기도 했지만 우울증이 심해져 일을 그만뒀다. "남편이 집을 나가버리고 아들 둘과 덩그러니 남겨졌는데 이 아이들을 혼자 키워야 한다는 압박감을 견디다 못해 우울증에 걸렸어요."

A씨는 마냥 집에만 있지 않았다. 재래시장 오일장을 찾아다니며 살림을 꾸렸다. 90만 원 중에 45만 원 정도를 식비로 썼다. 해가 지고 떨이라는 외침이 나오는 것에 맞춰 채소, 고기, 과일 가

격이 저렴해지면 비로소 장을 보러 나섰다. A씨 모자는 중국에 사는 친정 오빠의 명의로 된 방 2개짜리 19평 아파트에 산다. 주거비를 절약한 덕에 조금이나마 남들처럼 먹을 수 있었다. 두 아들은 학원에 다녀본 적이 없다. 비싼 옷이나 가방을 산 적도 없다. 하지만 남들과 다르지 않게 먹는 것처럼 보여, 밥상이 괜찮아 보여 A씨 식사는 '빈자의 식탁'에서 제외됐다.

서울 강북 변두리에서 딸 둘과 함께 사는 B씨도 비슷한 경우였다. 그의 집에 발을 들여놓았을 때 가장 먼저 눈에 들어온 것은 에어컨이었다. 거실 벽에 매달린 흰색 에어컨은 벽지 색깔과 똑같이 색이 누렇게 바래 있었지만 에어컨은 그래도 에어컨이었다. 2013년 남편이 뇌종양으로 세상을 떠난 뒤 매월 수급비 90만 원과 남편의 사망 연금 25만 원을 받아 두 딸과 먹고살았다.

중학생인 작은딸은 친구들과 놀고 오면 '먹킷 리스트'를 적었다. 와플, 마카롱, 마라탕 등 친구들과 수다를 떨며 나온 음식을 노트에 적었다. "엄마, 우리는 OO 떡볶이밖에 모르잖아. 근데 OO 떡볶이라는 게 있대." 작은딸이 조질거릴 때마다 어머니는 딸의 142센티미터 키와 43킬로그램 몸무게를 생각한다. 못 먹어서 작은 것일까. 그렇게 못 먹은 것도 아닌데. 어머니는 혼자 고민했다. "그러면 우리 형편에 조금 무리가 되더라도 한번 먹어보자고 해요. 아이가 나중에 사회생활을 할 때 너무 경험이 없으면 안 되잖아요. 많이 먹어 키도 좀 컸으면 좋겠고…" 그런데도 B씨의 밥상은 '빈자의 식탁'에서 제외됐다. 집에 에어컨이 있고 딸과 함께 프랜차이즈 떡볶이를 배달해 먹는다는 이유에서다.

　빈곤한 식사에 대한 이미지는 사람마다 다르다. 어떤 이는 자신이 먹었던 가장 부실했던 식사를 기준으로 삼는다. 비록 직접 경험하지 않았더라도, 다들 어렵고 못 먹던 옛 시절과 비교하는 이도 있다. 저소득층이 보내온 식사 사진 속 플라스틱 밀폐 용기를 가리키며 누군가는 "내가 쓰는 플라스틱 통과 똑같다"고 말했다. 냉장고에서 꺼내 뚜껑만 열어둔 채 젓가락으로 반찬을 곧바로 집어 먹는 모습이 꼭 닮았다는 것이다. 그러면서 이만하면 자기도 저소득층 아니냐며 가볍게 웃었다.

　저소득층의 식사를 향해 다들 이렇게 먹지 않느냐고 하는 말에는 저소득층의 식사라면 이 정도 수준보다 못해야 하는 것 아니냐는 함의가 담겨 있다. 밥은 생기 없고 푸석해야 한다. 떡과 빵에는 곰팡이가 피어 있고 식탁엔 고기나 생선 반찬 대신 풀때기만 있어야 한다. 그리고 외식 같은 배부른 소리를 하면 안 된다는 식의 경계선이 깔려 있다. 선의 기준은 사람마다 다를 수 있지만 그 선을 넘으면 안 된다는 점은 분명했다.

　어려운 형편의 아이들이 돈가스 집에서 밥을 먹는 모습을 본 누군가가 불쾌하다며 센터(복지관 등)에 항의했다는 에피소드가 인터넷에서 화제가 된 적이 있다. 일반 분식집도 아니고 돈가스 집에서, 세금이 투입된 식권으로 아이들이 호의호식하는 것을 보며 기분이 잡쳤다는 민원인의 항변을 보고 많은 이가 엇갈린 평가를 내놨다. 대체로 어려운 집의 아이는 맛있는 음식도 먹어선 안 되냐며 민원인을 비판하는 의견이 많았다. 하지만 그 돈마저 아껴 쓰는 평범한 사람들이 많은데 시혜성 복지를 어디까지 세금 들여 해줘야 하냐는 반론도 적지 않았다.

어느 주장이 옳은지와 별개로, 우리 사회에 가난한 이들에 대한 일종의 기준이 존재한다는 것은 부정하기 어렵다. 빈자는 기준을 넘어선 안 된다. 동정과 연민의 대상으로 그 역할에 머물러야 한다. 가난한 사람들은 자신보다 좋은 음식을 먹어선 안 되고 브랜드 제품을 써선 안 된다. 도움에 감사하며 약자의 포지션에 머물러야 한다. 그 기준을 넘어설 경우 그것을 어떻게 받아들일지는 사회 전반의 분위기와 개개인의 가치관에 따라 다르다. 빈곤한 식사를 바라보는 관점은 우리 사회가, 자기 자신이 어느 위치에 서 있는지를 나타내는 바로미터와 같다.

식사 지원에 대한 시혜적인 관점은 수혜자들로 하여금 군말 없이 감사히 받아들여야 한다는 무언의 압박으로 작용하기도 한다. 불만이 있어도 말로 표현해선 안 된다. 익명을 요청한 어느 사회복지학과 교수의 말이다.

"저소득층의 식사는 복지관이나 민간단체에 완전히 내맡겨진 상황이에요. 무료 급식을 하는 기관과 단체도 충분한 예산과 지원이 없는 형편에서 간신히 유지하고 있죠. 이런 현실을 다 알고 있는 노인이나 아이들이 원하는 걸 말한다? 쉽지 않아요. 뭐라고 말을 꺼냈다가 밥이든 반찬이든 아예 못 받게 되면 되레 더 힘

들어지거든요. 만약 세금을 내는 사람이라면 복지 서비스의 질에
대해 정당하게 목소리를 낼 수 있겠지만 수급자들은 그냥 주는
대로 받는다고 할 수밖에 없어요."

우리 자신의 밥상

취재 초기에는 자신의 밥상을 보여줄 사람이 누가 있겠느냐
고 생각했다. 대체 그렇게 해서 자신들에게 무슨 이득이 있겠는
가. 큰돈이 되는 것도 아니다. 욕이나 먹지 않으면 다행이다. 실제
로도 쉽지 않았다. 저소득층 25명 가운데 자신의 식사를 공개한
13명은 모두 똑같이 망설였다. 매 끼니마다 밥상을 촬영해 보내
줄 수 있겠느냐고 물었을 때 이들은 어떻게 좋은 말로 거절할 수
있을지 고민했다.

소정의 취재비를 드리겠다고 했을 때 이들의 표정은 더욱 복
잡하게 변했다. 평소 먹는 밥상을 보여달라고 했을 때 무료 급식
을 손에 들고 있던 서울대생 이지은 씨는 자괴감과 불쾌감 사이에
서 표현할 말을 찾지 못했다. 누구에게도 드러내고 싶지 않은 지
극히 사적인 영역을 지키고 싶은 마음이 커 보였다. 취재비로 편
의점 기프티콘을 제공하겠다고 하자 지은씨는 "혹시 얼마짜리인
가요"라고 물었다. 금액을 들은 지은씨는 그 돈으로 편의점에서
무엇을 살지 잠시 생각하다가 끝내 거절했다. 그 순간 나는 아쉬
움보다 미안한 마음이 들었다. 이게 뭐라고. 죄를 지은 것 같았다.

오민정 씨는 5일차 식사 사진을 보내온 뒤 다시 한밤중에 문자메시지를 보내왔다.

"내 몸 하나 간수하고 투병 생활하는 것도 힘든데 내가 뭐라고 상차림에 사진까지…. 나 그냥 바닥이나 책상에 막 놓고 먹어요. 약 때문에 억지로 먹고 대충 먹다 말고 또 똑같은 반찬을 보면 밥 먹기가 싫어요. 그래도 상 놓고 차려 먹어보니 그 나름 괜찮았어요. 이제 상 놓고 먹으려고요. 말씀드리고 나니 좀 낫군요. 며칠 동안 안 하던 짓 한다고 참 애썼어요. 내일부터는 사진 안 보낼게요. 감사합니다."

다음 날도 다다음 날도 민정씨는 식사 사진을 보내오지 않았다. 나는 편의점 기프티콘으로 그가 무엇을 샀는지 묻지 못했다.

이들이 보내준 식사 사진은 그들의 '진짜 식사'를 얼마나 반영하고 있을까. 사진은 초점이 맞지 않고 구도도 제각각이라 한눈에 봐도 연출이 아니라는 것을 알 수 있었다. 그렇지만 앉은뱅이 식탁부터 신문지까지 각양각색의 식탁 위에 밥과 반찬, 수저, 젓가락이 가지런히 올려 있는 풍경을 볼 때마다 스마트폰 카메라를 기울이고 있을 이들의 모습이 머릿속에 떠올랐다. 사진 속 음식은 SNS에 올라오는 수많은 음식 사진처럼 남에게 보여주고 싶을 만큼 푸짐하거나 예쁘거나 먹음직스럽지 않았다.

그런데도 조금이나마 괜찮은 식탁 사진을 보여주려 노력한 흔적이 사진 곳곳에 남아 있었다. 밥을 먹는다는 것은 지극히 개인적인 행위다. 다른 사람에게 보여야 할 때는 다르다. 우리는 평소의 식사 모습을 꾸밈없이 있는 그대로 보여달라고 여러 차례 당부했지만 마지막 자존감을 지키려는 작은 시도까지 막을 수 없었다.

혼자 먹을 때, 가족과 함께 먹을 때, 다른 사람을 초대해 먹을 때, 식사에 들이는 정성과 질이 조금씩 다를 수밖에 없다. 수많은 우리의 이웃이 어떤 식사를 하는지는 어쩌면 영원히 들여다볼 수 없는 영역에 속하는지도 모른다. 그러나 이러한 시도의 끝에서 우리가 마주하게 되는 것은 결국 우리 자신의 밥상이다. 우리는 무엇을 먹고 어떻게 먹는가. 각자의 눈앞에 보이는 식탁의 풍경은 다를지라도 우리는 다들 그렇게 먹고 산다. 남이 먹는 것을 보면서 우리는 자신이 먹고 있는 것이 무엇인지 깨닫는다.

경남 한 소도시에서 두 아들을 홀로 키우는 A씨는 푸드뱅크에서 유통 기한이 임박한 빵을 지원받아 먹고 있다. A씨는 전통시장에서 마감 전 떨이로 식자재를 팔 때 장을 본다. 아이들에게 번번찮은 음식만 먹인 것 같아 마음에 늘 미안함이 있다. 사진 최현규

식사의 지위

'빈자의 식탁' 연재를 기획할 무렵 주목한 시대적 흐름은 '선진국 진입'이었다. '한국은 선진국'이라고 말하는 사람이 늘어나고 있었다. 특히 문재인 정부와 여당의 정치인들이 자신들의 업적이라며 그렇게 내세웠다. 대중도 한국이 선진국이라는 데 크게 거부감을 나타내지 않는 것 같았다. 젊은 작가들은 〈추월의 시대: 세대론과 색깔론에 가려진 한국 사회의 성장기〉〈K를 생각한다: 90년대생은 대한민국을 어떻게 바라보는가〉 같은 책에서 한국의 위상이 과거와 크게 달라졌다고 주장했다.

어느 날 1990년대 태어난 팀원들에게 한국이 선진국이라고 생각하냐고 물은 적이 있다. 한 팀원이 "어, 그럼, 선진국이 아닌가요?"라고 반문했다. 다른 팀원은 그 문제는 별로 생각해본 적이 없다며 선진국이 당연하다는 반응이었다. 이들은 '선진국 한국' 프레임을 오래전부터 체화한 것처럼 보였다.

팀장인 나는 1970년대 태어나 '한국은 개발도상국'이라고 적힌 교과서를 읽으며 자랐다. 1990년대 대학을 다니며 주변부 국가가 저발전에 머무를 수밖에 없는 이유는 선진 자본주의 국가 중심의 세계 체제 탓이라는 '종속이론'을 접했을 때도, 한국이 선진 자본 국가 중 하나라는 생각을 해본 적이 없다. 주변부 국가에 한국이 포함되는지가 혼동됐을 뿐이다. 한국은 주변부 국가보다 좀 더 잘사는 것처럼 느껴졌지만 그렇다고 선진국이라고 볼 수도 없었다. 나의 사고 체계에서 '한국=선진국'은 낯선 개념이었다.

한국이 선진국인지 아닌지는 그다지 중요하지 않다. 이 문제에 대답을 강요한다면 나는 우리 사회에 여전히 선진국에 미치지 못하는 부분이 많다고 답할 것이다. 그런데도 시대가 변하고 있다면 그 흐름을 유심히 살펴야 한다. 한국이 선진국에 실제로 진입했는지 아닌지를 떠나 '한국이 선진국'이라는 담론이 펼쳐지는 것은 한국 사회에 대한 규정이 달라지고 있음을 의미한다. 기준이 바뀌면 모든 것이 달라진다. 사회를 새로운 시각으로 볼 수 있다는 얘기다. 취재하고 쓸 때도 마찬가지다. 기존에 나온 팩트를 새것처럼 다룰 수 있다. 헌 것을 새것처럼 포장한다는 얘기가 아니다. 과거에는 당연하게 여겼던 것들도 의미를 어떻게 부여하냐에 따라 새로운 글거리가 될 수 있다.

이런 관점에서 주목할 것은 최근 이삼 년간 부쩍 늘어난 노동 현장의 산업재해 사망에 관한 보도다. 최근 언론은 중대 재해 사건을 상당히 비중 있게, 적극적으로 보도하고 있다. 2019년 11월 경향신문 '매일 김용균이 있었다' 보도가 이런 흐름에 큰 영향을 미쳤다. 그 후 과거에는 단신으로 처리하거나 쓰지 않았을 노동자 사망이 비중 있게 다뤄진다. 안전이 확보되지 않은 환경에서 많은 노동자가 사망하고 있다는 사실을 온 국민이 알게 됐다. 여러 언론의 연속 보도는 파급력이 커서 국회는 결국 중대재해 처벌 등에 관한 법률을 제정했다(법 조항에 모호한 부분이 있고 5인 미만 사업장을 적용 대상에서 뺐다는 점에서 논란이 됐지만 법 제정 자체의 의미는 크다).

중대 재해 보도가 발휘한 힘의 근원은 기자들의 문제의식이다. 아울러 달라진 시대적 배경도 큰 역할을 했다고 생각한다. 과거에는 산업재해에 따른 사망이 적었는데 2015년 이후 급격히 늘어난 것일까. 그렇지 않을 것이다. 2015년 이전 산업재해에 따른 노동자 사망은 지금보다 많았을 것이다. 개발과 성장이 최고 목표이던 1970년대와 1980년대엔 지금보다 더 많은 사람이 노동 현장에서 사망했을 것이다. 국가와 대기업의 힘이 개인의 힘을 압도하던 권위주의 시대에는 부당한 죽음에 항의 한마디 하지 못하고 억울함을 삼킨 유족이 많았을 것이다. 20세기 후반 한국 사회는 현장 노동자의 죽음을 어쩔 수 없는 것으로 당연시했다.

21세기 초 우리가 산업재해 기사를 보고 분노한 이유, 노동자의 안전에 대한 강력한 개선 의지가 생긴 이유는 생명 가치에 대한 감수성이 달라져서다. 과거에는 어쩔 수 없다고 받아들인 죽음을 더는 그렇게 여기지 않는 분위기가 우리 사회에 형성됐다. 사람들은 이제 생명 하나하나가 다 소중하다고 생각한다. 아동학대로 숨진 아이의 죽음에 과거보다 더 격렬히 분노하는 이유도 여기에 있다.

나는 이런 현상이 선진국 진입 단계에 이른 현실과 깊은 관련이 있다고 생각한다. 선진국이 무엇이냐고 물었을 때 정치, 경제, 사회 측면에서 여러 정의가 가능할 것이다. 하지만 각 개인에게 추상적 정의는 큰 의미가 없다. 개인에게 선진국에 산다는 건 그냥 '잘사는 것'을 의미한다. 여기서 잘산다는 건 물질적인 여유와 풍족함을 누리며 산다는 의미가 가장 크겠지만 기본적으로는 쉽게 죽지 않는 것이다. 어디에 있든, 무슨 일을 하든 생명의 위협을 느끼지 않고 안전하게 살 수 있는 환경이 갖춰진 사회가 선진국이다. 지금 한국에서 생각하는 생명의 가치, 목숨의 가치는 수십 년 전보다 훨씬 높아지고 소중해졌다.

식사에 관한 태도

밥을 먹는 것의 가치도 달라졌다. 대부분 사람은 이제 건강하게 먹으려고 한다. 맛있는 걸 먹고 영양학적으로 균형을 맞춰 머으려고 한다. 어떻게 먹어야 잘 먹는 것인지 알고 있다. '건강하게 먹는 법'에 대한 관심이 커지고 있고 미디어에서 그 방법을 계속 알려준 덕분이다.

저소득층을 만나면서 놀랐던 점 중 하나는 영양제를 먹는 사람이 생각보다 많았다는 것이다. 하루 두 끼만 먹거나 고기를 자주 먹지 못해도 영양제 한두 가지를 챙겨 먹었다. 한 60대 남성은 뇌 영양제와 비타민, 칼슘·마그네슘 보충제를 먹고 있거나 먹었다고 했다. 뇌 영양제는 기억력이 떨어진 뒤 병원에서 처방받았고 비타민은 기증받은 음식을 나눠 주는 푸드마켓에서 얻었다. 비타민이 떨어지고 푸드마켓 이용 자격을 상실했을 때는 '아름다운 가게'에서 칼슘·마그네슘 보충제를 샀다. 그는 "한 달 치가 3500원 정도로 싸니까 다른 건 몰라도 그거는 챙겨 먹는다"고 말했다. 한 20대 청년은 눈 영양제를 사서 먹고 있다. 그는 "맨날 책을 보니까 눈이 안 좋아진 것 같아 큰맘 먹고 루테인과 지아잔틴 성분이 들어 있다는 영양제를 최저가로 샀다"고 말했다. 그는 종합비타민도 선물로 받아서 먹은 적이 있다. 다만 다 먹고 난 뒤에는 선뜻 같은 영양제를 구매하지 못했다.

건강하게 살려고 하는 욕망은 가난한 사람이라고 다르지 않다. 당뇨가 있는 50대 남성은 질병에 맞는 식단을 원했다. 병원에서 나트륨과 당류가 들어가지 않은 음식을 먹으라고 권했지만 정확히 무엇을 먹으라고 식단을 짜주지는 않았다. 병원에서 한두 가지 예시로 들어준 식사는 비용이 부담스러웠다. 그는 당뇨 전문가들이 나오는 유튜브 방송을 보며 당뇨에 맞는 식단을 학습했다. 몸이 아파 산에 들어간 '자연인'이 나오는 방송을 보며 좀 더 똑똑한 식단을 준비해야겠다고 생각했다.

건강하게 먹고 싶고 또 그 방법을 찾으려 하는 이들의 모습은 식사에 관한 태도가 생명 가치에 대한 감수성처럼 선진국 수준에 이르렀음을 보여준다. 가난한 사람도 잘 먹는 것의 중요성을 알고 있다. 잘 먹고 싶어 하고 건강하게 먹기 위해 노력한다. 그렇지만 이들의 현실은 이상적인 선진국에 미치지 못하고 있다. 잘 먹는 걸 실천하는 사람은 많지 않다. 그 이유는 돈이 없기 때문이고 돈이 있어도 다른 데 먼저 써야 하기 때문이다. 정치인들이 주장하는 '선진국'과 이들의 식탁 사이에는 뛰어넘지 못할 괴리가 있다.

그동안 가난한 이들의 식생활은 큰 관심을 받지 못했다. 일종의 방패 같은 이 말 때문이었다. "요즘 밥 굶는 사람이 어디 있어?" 밥을 못 먹어 죽는 사람이 사라졌다는 말은 우리를 착각하게 만든다. 먹는 것에 관한 문제가 적어도 한국에서는 해결됐다는 착각 말이다. 거리의 무료 급식 현장을 지나면서, 명절을 앞두고 쪽방촌으로 음식이 전달되는 보도 사진을 보면서 우리는 착각하고 안심하고 있었다. 그들에게 '지금 잘 먹고 있느냐' '더 잘 먹고 싶으냐'고 물어본 적이 없었다. 선진국 진입 이야기가 나오는 지금, 사람 목숨의 가치가 높아진 것처럼 삶을 유지하는 데 가장 기본인 식사의 지위도 더 높아져야 한다. '이제는 굶는 사람이 없다'는 말 대신 밥에 대한 새로운 질문을 던질 때가 됐다.

언론이 질문을 던지는 방법 가운데 하나는 현실을 적나라하게 보여주는 것이다. 취재를 앞두고 가난한 사람들의 식사 현실을 예상했을 때 눈물이 쏙 나올 만큼 비참할 것 같지는 않았다. 먹을 게 없어 죽는 세상이 아니다. 취재할 현실이 '이야기가 되는' 글로 이어질지 확신이 들지 않았다. 다만 저소득층의 밥상은 그 누구도 들여다본 적이 없었다. 결과를 예단하지 않고 있는 그대로 보여주자는 것을 목표로 삼았다. 어떤 취재든 있는 그대로를 보여주는 게 가장 중요하다. 정직하게 현실을 재현하는 글은 비록 당장 눈길을 끌지 못하더라도 의미를 남기는 경우가 많다. '선진국' 대한민국의 저소득층은 무엇을 먹고 사는지 있는 그대로 보여주고 싶었다.

서울시교육청은 코로나19 유행으로 원격 수업이 진행되면서 급식을 먹기 어려워진 학생들을 위해 제로페이 플랫폼을 이용해 한 사람당 10만 원의 바우처를 지원하는 '희망급식 바우처' 사업을 마련했다. 또 정부는 2020년부터 '농식품 바우처' 사업을 실시하고 있다. 농식품 바우처는 중위소득 50퍼센트 이하인 가구에 전자카드를 지급해 국내산 농식품을 월 4만 원씩 구매하게 지원하는 사업이다. 과일과 채소, 우유, 달걀 등을 살 수 있고, 여기에 2021년부터 육류와 잡곡, 꿀이 추가됐다. 사진 윤성호

선택권을 돌려주는 일

'빈자의 식탁'의 취지에 공감한 독자들이 있었다. 최문영 씨는 2021년 9월 우리에게 이메일을 보내 대학동에 거주하는 최상헌 씨에게 식품을 전달하고 싶다는 뜻을 밝혔다. 하지만 상헌씨는 이 제안을 정중히 거절했다. 해피인에서 도시락을 지원받고 있으니 그 외의 부분은 스스로 노력하겠다는 이유였다. 아직 젊고 일을 구하고 있으니 후원이 그렇게 시급하지 않다고도 했다.

그러자 문영씨는 이번에는 장용기 씨에게 식품을 전달하고 싶다는 의사를 전해 왔다. 형이 운영하는 학원의 빈 강의실에서 생활하는 용기씨는 고혈압과 당뇨 등을 앓고 있어 탄수화물 섭취를 줄이고 채소를 충분히 먹어야 하는 상황이었다. 하지만 용기씨가 보내온 일주일 치 식사 사진 14장에는 빵과 라면이 10번 등장했고 채소는 거의 없었다.

용기씨는 감사한 마음으로 문영씨의 뜻을 받아들이기로 했다. 문영씨는 인스타그램 스토리에 상세한 모금 계획을 올리면서 기부 대상을 설명했다. "추석을 맞아 기부하려 합니다. 기부 대상은 서울 관악구 고시원에 거주하는 저소득층 중장년층과 독거노인입니다. 정부 지원이 어려운 사각지대에 놓인 분들께 식품과 과일을 전달할 예정입니다."

시간이 지나면 자동으로 사라지는 인스타그램 스토리 게시글이지만 예상보다 많은 사람의 관심을 끌었다. 문영씨가 글을 올린 지 하루도 지나지 않아 57만 100원이 모였다. 18명이 5000원, 1만 원, 2만 원씩 마음을 모았다. 전년 인천 민들레국수 급식센터에 기부했던 33만 원보다 많은 금액이 모였다. 문영씨는 모금 후 사용 내역을 모두 공유하기로 한 점이 큰 호응을 불러일으킨 것 같다고 했다.

2017~2018년 십시일밥에서 활동한 문영씨는 꾸준히 식생활 취약 계층에 관심을 가져왔다. 십시일밥은 공강 시간에 봉사 활동을 해 식권을 마련한 뒤 이를 저소득 학생들에게 기부하는 대학생 단체다. 대학동 식품 기부에 동참한 이태건 씨도 문영씨와 함께 십시일밥에서 활동했다. 이들은 식사 사각지대에 놓인 사람들에 대한 제도적 지원이 일방적이라고 아쉬움을 표했다. 단순히 식사를 거르지 않는 데에 초점을 맞출 뿐 지원받는 사람 개개인의 건강이나 취향을 고려하지 않고 운영된다는 것이다.

대학동의 '참 소중한...' 센터에 전달한 534개 식품을 고를 때도 이러한 고민이 담겼다. 센터의 부엌에는 라면과 햇반, 김치, 단무지가 한 종류만 있었다. 배가 고플 때 센터를 찾으면 허기를 달랠 수 있지만 무엇으로 배를 채울지는 센터가 결정한 셈이다. 문영씨와 태건씨는 센터를 찾는 사람들에게도 선택권이 필요하다고 생각했다.

이들은 해피인에서 필요하다고 얘기한 햇반을 제외하고 품목을 고를 때 이전의 식품 기부와는 다른 기준을 적용했다. 이전까지 가격과 유통, 보관 문제를 고려해 라면이나 간편식 등을 주로 제공했지만 이번엔 새로운 음식을 전달하고 싶었다. '참 소중한...' 센터와 해피인 이용자 다수가 건강이 좋지 않다는 점을 고려해 저염식 식품도 포함시켰다.

햇반 200개, 재래김 128봉, 즉석 카레(3종류) 35개, 즉석 짜장 8개, 검은콩두유 32팩, 라면(4종류) 108개, 사탕 5팩, 과자(9종류) 18팩. 이제 센터를 이용하는 사람들이 카레가 먹고 싶을 때는 맵기를 고민하며 찬장 속의 제품을 살펴볼 것이다. 라면이 먹고 싶을 때도 빨간 국물 라면과 하얀 국물 라면, 짜장라면, 미역라면 중에 무엇을 먹을지 고를 기회를 갖게 될 것이다.

"양이 중요할 것 같아서 처음에는 햇반 500개를 사려고 했어요. 하지만 사람이라면 식사 제공에 감사하지만 매일 똑같은 걸 먹고 싶어 하지는 않을 것 같다는 생각이 들었어요. 약간 사치가 될 수 있는 물품을 이번에 드리면 어떨까 싶어 센터 입장에서 가격 부담 때문에 사기 어려운 간식이나 새로 나온 식품들을 구매했어요."

용기씨를 위한 맞춤형 식품도 잊지 않았다. 문영씨는 모금액에 개인 기부를 더해 발아현미밥 4개, 호두곡물차 10봉, 칼로리바 4개, 마들렌 1봉, 황도캔 2개, 둥지냉면 2개, 스팸 2개, 짜파게

티 2개, 간편식 죽 4개 등을 별도 상자에 담아 전달했다.

태건씨는 노숙자를 위한 무료 급식에서 배식 봉사를 하는 등 식생활 취약 계층을 지원해왔다. 하지만 굶는 사람이 없게 하는 데 초점을 맞춘 기존의 봉사는 태건씨에게 아쉬움을 줬다. 당장의 배고픔은 해결하지만 그들의 상황을 고려하지 않는다는 생각이 들었다. 수백 명 노숙자에게 줄 음식을 만들다 보면 그들의 건강과 취향을 반영할 수 없는 현실도 이해됐다. 그래도 가능하면 맞춤형 도움을 주고 싶은 게 태건씨의 마음이었다.

"기부나 봉사 활동을 하다 보면 제공하는 입장에서 생각하게 되지 받는 사람 입장에서 고민하지 않는 것 같아요. 수혜자도 분명 구체적으로 원하는 게 있을 텐데 말이죠. 이번에는 규모가 작으니까 좀 더 원하는 것, 필요한 것을 챙겨줄 수 있었어요. 용기씨의 건강에 맞는 식품도 전달할 수 있었고요."

문영씨는 해외에서 귀국한 뒤 코로나19로 자가 격리를 하며 식사 선택권이 없는 삶을 직접 경험했다. 2주간 외부와 차단된 숙소宿所에 머무르며 제공되는 도시락을 먹었다. 함께 숙소에 격리된 사람들은 매일같이 도시락에 불만을 표했다. 양이 적다, 음식이 짜다, 고기가 없다, 채소가 부족하다, 국물이 없다 등 아쉬움의 목소리가 터져 나왔다.

"입국 후 자가 격리에 들어간 사람들이 도시락에 대해 불만을 표하면 자연스럽고 당연하다고 받아들이잖아요. 그럴 수 있다고 넘어가는 분위기죠. 근데 본인보다 낮은 계층에 있다고 생각하는 사람들이 투정을 하면 안 좋게 보고 그냥 주는 대로 먹었으면 좋겠다고 생각하는 게 안타까워요. 그분들이 감사하지 않는 게 아니라 선택지가 많았으면 하는 어쩔 수 없는 인간적 선호를 가진 것인데 말이죠."

우리가 만났던 사람 중 몇몇은 도움이 절실해 보였다. 절대적 영양이 부족한 사람이 있고 먹는 즐거움을 잃어버린 사람도 있었다. 그러나 이들 중 누구도 자신이 받고 있는 지원이나 누군가의 도움을 당연하게 기대하지 않았다. 독자의 기부 제안을 듣고 거절한 사람도 여럿 있었다. 제공되는 도시락이나 밑반찬이 보완되면 더 좋겠다고 얘기하면서도 부정적인 어조가 담기지 않게 조심했다. '이렇게 밥을 먹을 수 있어 감사하다'고 반복해 말했고 가능하면 스스로 지금의 상황을 해결하려고 했다.

'빈자의 식탁'은 굶는 사람들의 이야기를 듣기 위해 시작된 기획이 아니다. 식생활에서 선택권을 박탈당해 존엄하지 못한 식탁에 앉는 사람들에게 주목했다. 건강에 좋지 않은 것을 알면서도, 자신이 먹고 싶은 음식이 아니어도 어쩔 수 없이 주어진 음식을 먹는 사람들이 있다. 선택권이 없는 식사는 그들의 생활이 얼마나 팍팍한지 보여주는 단면이었다. 식사에서 오는 즐거움은 누구나 누리고 싶은 것이고 이들도 예외는 아니었다.

매일 같은 밥을 먹는 사람들
: 식사를 선택할 수 없는 삶

2022년 6월 1일 1판 1쇄 발행

지은이   권기석, 양민철, 방극렬, 권민지
펴낸이   임후성
펴낸곳   북콤마
디자인   정은경디자인
편집   김삼수

등록   제406-2012-000090호
주소   (413-756) 경기도 파주시 문발동 파주출판단지 534-2 201호
전화   031-955-1650 | **팩스** 0505-300-2750
이메일   bookcomma@naver.com
블로그   bookcomma.tistory.com

ISBN 979-11-87572-37-4 03300